如果父爱缺席

若 谷◎编著

吉林文史出版社

图书在版编目（CIP）数据

如果父爱缺席 / 若谷编著. -- 长春：吉林文史出版社，2023.5

ISBN 978-7-5472-9385-0

Ⅰ.①如… Ⅱ.①若… Ⅲ.①男性－家庭教育 Ⅳ.①G78

中国国家版本馆CIP数据核字(2023)第076015号

如果父爱缺席
RUGUO FU'AI QUEXI

编　著	若　谷
责任编辑	张雅婷
封面设计	天下书装装帧设计
出版发行	吉林文史出版社
地　址	长春市福祉大路5788号
网　址	www.jlws.com.cn
印　刷	三河市刚利印务有限公司
开　本	880mm×1230mm　1/32
印　张	6
字　数	130千
版　次	2023年5月第1版
印　次	2023年5月第1次印刷
标准书号	ISBN 978-7-5472-9385-0
定　价	39.80元

前言

现在许多家庭中，教养孩子的责任都是由妈妈主导的，爸爸们认为自己的任务就是为家庭提供保护与资源。但实际上，许多事实表明，"父教"的缺失对孩子的成长有着非常重要的影响。

有人做过一组数据调查，结果发现，69%的女孩认为，自信心的建立更多来自爸爸的鼓励与赞扬，65%的女孩在成年之后会下意识地按照爸爸的特质选择伴侣。

一个完整的家庭，需要父亲和母亲共同支撑，无论哪一方都无可替代。妈妈的力量是向内的，是爱与情感的建设，要把孩子"拉回来"；爸爸的力量则是向外的，是理智和勇敢的象征，要把孩子"送出去"。只有在父母双方共同的养育和教导下，孩子才能形成刚柔并济的性格和完整健康的心理。

爸爸是孩子成长过程中获得安全感的主要来源，也是锻造冒险精神的坚强后盾。对男孩来说，爸爸是榜样，是力量，代表了强大与权威，在爸爸的引领和教导下，他们才能更顺利地走入男性世界，完成自我性别的认知和超越；对女孩来说，爸爸是心理安全感的主要来源，也是自信心建立的重要基石，甚至对她们未来的恋爱观和择偶观都有着直接而重大的影响。

对一个家庭来说，爸爸是一个非常重要的角色，而对一位男性来说，爸爸也是一个非常特殊的身份，因为这个角色和丈夫以及男人是不一样的。一个好男人或者好丈夫，未必就能成为一个好爸爸。

在你身边一定有这样的人，他事业成功，家庭幸福，提起他都是交口称赞，但唯独得不到自己孩子的认可，无法获得孩子发自内心的爱戴与尊重。这其实并不奇怪，男性价值与父性价值从来就不是可以画等号的。

一个好的、优秀的、能够完成"父职"的爸爸，需要不断地反思和学习。他要走进孩子心里，成为孩子的榜样，给予孩子力量。爸爸对家庭、对孩子的职责，不仅仅是供养，还包括教导、规训、护佑与传承。

翻开这本书的你，或许刚刚开始扮演爸爸的角色，或许已经是一名有着诸多经验的爸爸，也或许还没做好成为一名爸爸的准备，但不管怎么样，相信这本书都会为你提供新的视角，帮助你重新认识和梳理亲子关系与家庭关系，提供一种全新的思维方式和解决问题的方案。

目录

第 一 章

如果父爱缺席，孩子的成长必将承受一万点暴击

在这个社会，每个人都有自己的角色。只有做好自己的角色，社会才能保持稳定。在家庭中，同样是如此，只有每个人各司其职，家庭才能和谐。男性在家庭之中，除了是父母的儿子、妻子的丈夫外，还有一个重要的角色，那就是孩子的爸爸。如果忽略了这一重要角色，孩子将受到难以弥补的伤害。

如果父爱缺席，孩子的成长 是很危险的

　　快节奏的现代社会改变了许多传统的东西，人们为了事业，为了更好的生活格外忙碌，所谓日出而作、日入而息，成为一种奢望。996的工作时间，工作与生活异地进行，都成为常见的事情。在这种情况下，子女的教育就成为许多家庭需要正视的问题。忙碌导致许多父亲在育儿的过程中没有时间与精力，甚至连经常见面都做不到。

　　面对这种情况，别说是父爱了，想让年纪较小的孩子认识到他还有个父亲都不是那么容易的事情。不少父亲认为，只要好好工作，努力赚钱，给孩子优渥的生活，即便没有陪伴在孩子身边也不要紧。其实，这种想法大错特错，如果父爱缺席，孩子的成长将面临无法预估的危险。

　　家庭是一个整体，在孩子的成长过程中，父母二人缺一不可。特别是在正常的家庭中，母亲不会特意扮演"父亲"这一角色。那么，孩子在成长过程中就会缺少"父亲"这一角色所能带来的许多东西。那么，"父亲"这一角色究竟有哪些东西是"母亲"所不能替代的呢？我们不妨先看看，生活中缺少"父亲"这一角色，孩子会和其他同龄人有着怎样的不同。

小东的父亲是某国企的工人，工作地点距离城市很远，因此小东每个星期才能见到父亲一次。在这一天里，父亲似乎总有忙不完的事情，不是跟老朋友一起喝酒、聊天，就是出去跟人打牌，很少陪伴小东。这种状况，从小东还是婴儿的时候就开始了，如今，小东已经上小学四年级了。

一天，小东的妈妈接到老师的电话。在电话中，老师对小东的妈妈说，小东在学校跟人打架了，要妈妈来一趟。小东的妈妈急匆匆地赶去学校，因为丈夫经常不在家，所以她做事非常谨小慎微，经常告诉小东在学校不要跟同学起冲突，而小东一直表现得很听话。如今，小东却一反常态地和人打架，那一定是出了不得了的事情。

小东的妈妈赶到老师的办公室以后，第一眼就看到浑身脏兮兮的、正在哭的儿子。她走到小东身边，一把抱住他，开始向老师了解情况。但她从老师的口中听到了不可思议的事情。小东和三个孩子打了起来，按照那三个孩子的说法，是小东先动的手。按照小东的妈妈对小东的了解，这种情况是绝对不可能发生的，于是又询问了小东。果然，从小东口中听到另一种答案，是另外三个孩子先欺负小东的，小东忍无可忍，才推倒了其中的一个。

小东的妈妈听到小东的话后，看着老师，意思很明显，就是问老师小东先动手的答案是从哪里来的。老师也是一脸无奈地说："不仅三个孩子这么说，另外两个看见他们打架的孩子也是这么说。我虽然知道小东不是会主动打架的孩子，但是没有人给小东

作证。作为一名教师，我也要向其他三个孩子的家长交代。"

在接下来的谈话中，老师和小东的妈妈谈了很多。听了老师的话，小东的妈妈才知道小东在同龄人中的表现究竟是怎样的。小东相比同龄的男孩，特别腼腆，不敢接触陌生人，上课回答问题不主动、不积极，老师提问，他站起来后就紧张到一个字都说不出来。但如果要小东在纸上答题，他都能明明白白地写出答案。小东不喜欢参加体育活动，也不喜欢和男孩们一起玩。体育课、课间的时候，他一般都是和女孩们在一起。

听了老师的话，小东的妈妈又对小东在家里的表现进行回忆，发现确实如此。

为了解决儿子的问题，小东的妈妈做了许多改变。她开始经常在儿子放学以后带他去有同龄孩子的朋友家玩；买东西的时候，也总是让儿子一个人去……一段时间以后，小东的妈妈发现儿子的情况并没有什么改善。去朋友家的时候，儿子宁可坐在她身边听她和同事闲聊，也不肯和同龄的小朋友一起玩；让儿子买东西的时候，儿子宁可走远一点儿，也要去不太需要跟人交流的超市……

小东的妈妈一直为这件事情苦恼，直到小东的爸爸回来，把这件事情告诉了小东的爸爸。小东的爸爸也意识到问题的严重性，决定给小东更多的陪伴。果然，有爸爸陪伴的小东状态完全不同。爸爸带小东去公园，小东就会主动和前来遛狗的人打招呼，和小狗一起玩，也会和年龄差不多的孩子一起玩耍、交谈，根本没有和妈妈一起出去时唯唯诺诺的样子。

接下来的一段时间，爸爸每个星期都会抽出时间陪小东。等到小东上五年级的时候，他已经是个开朗、大方、活泼、勇敢的男孩了。

在家庭中，父母对于孩子的影响是潜移默化的，是客观存在的。即便父亲不刻意做什么，只要陪在孩子身边，就能对孩子产生很大的影响。这主要有以下几方面原因。

第一，性别意识。如今，越来越多的人已经意识到，儿童的性别意识会对个性、行为的培养产生巨大的影响。在孩子成长过程中，性别意识不是老师或者家长能够通过口传心授教会的，只能让孩子通过父母的差异自己去了解。如果家庭中陪伴孩子的只有母亲，即便孩子是个男孩，在成长过程中也会不可避免地女性化。即便是女孩，长期只有母亲陪伴，长大以后会格外排斥在家庭中扮演母亲、妻子的身份。

第二，勇气。勇气在孩子的成长过程中扮演着非常重要的角色，人生中的许多事情需要迈出第一步，将来才会越来越熟练，最后习以为常。如果缺少勇气，就会有许多事情是孩子从小就不擅长的。长大以后，这些不擅长会变成习惯。很多人不善于和人打交道，甚至害怕与陌生人接触，除了天生的内向性格外，还与现代社会人与人的来往方式息息相关。越来越多的人在成长过程中只接触必须要接触的人，而不像过去，与邻居甚至居住区域的住户有较多的互动。

父亲能给予孩子勇气，长期只有母亲陪伴的孩子，经常会表现出缺少勇气。他们面对他人给予的压力时，往往有两种截然不同的表现：要么谨小慎微，胆小怕事；要么好勇斗狠，用超出正常状态的叛逆情绪来鼓励自己。这两种做法显然都不对。有父亲的陪伴，孩子才能找到合适的平衡点，因为他知道有父亲在，自己既不用害怕，也不需要用过激行为来保护自己。

第三，满足情感需求。都说男人永远是大男孩，就是因为男人不论年纪大小，都具有强烈的好奇心，保留一定的胜负欲。因此，在陪孩子玩耍这件事情上，父亲做得往往比母亲更好。母亲陪孩子玩，是真的在孩子身边陪伴，用大人的方式来陪孩子玩耍，本质上还是孩子一个人玩。而父亲不一样，虽然听起来很荒谬，但父亲经常会和孩子玩到一起，不管是体育运动还是其他类型的游戏。父亲更容易有好奇心，有胜负欲，和孩子用同龄人的方式一起玩耍。在这一过程中，孩子对于家庭的情感需求就能得到满足。

在家庭中，父亲与母亲扮演的角色最好是不一样的。严父慈母，或者严母慈父，都是可以的。这样就能保证，当孩子在被一方教训的时候，可以从另一方那里获得精神慰藉。如果父亲不能在身边陪伴孩子，那么孩子在与母亲发生矛盾的时候，中间就缺少了缓冲，影响亲子感情。

第四，提高孩子的动手能力和智力。在传统家庭模式中，母亲对孩子的教育往往是生活常识，包括语言的使用、生活用品的使用、玩具的玩法等。而在孩子使用这些东西的时候，母亲给予的更多是陪伴，扮演的角色是导师。父亲不同，他有更好的动手能力、更强的好奇心，因此在孩子掌握基础知识后，能作为孩子的同行者，与孩子一起探索。这一过程能促进孩子的智力开发，提高孩子的动手能力。

父亲的陪伴有着如此多的作用，如果父爱缺席，父亲未能尽到陪伴孩子成长的职责与义务，仅凭母亲是很难面面俱到的。所以，相比正常的孩子，父爱缺席的孩子在成长过程中会比同龄人缺少很多东西。这对孩子性格的养成、智力的成长，都有不小的影响。

"丧偶育儿"家庭，妈妈很失衡，孩子易失控

　　夫妻一方去世，另一方的婚姻关系就变成了丧偶。在育儿过程中，父母有一方完全不参与，这种情况则被人们称为"丧偶育儿"。在当今社会，不参与育儿的一方往往是父亲，把育儿的重担完全压在母亲的身上。有人可能觉得，不就是带个孩子吗？如果工作不繁忙，也不是体力劳动，这也没有什么大不了的。其实，育儿这件事情远比想象中的要艰难得多。一个家庭中，长期进行"丧偶育儿"，就会出现母亲失衡、孩子失控的情况。

　　张沫大学刚毕业，就和男朋友结婚了，两人为了更好的生活都非常努力地工作。丈夫在某通信公司工作，朝九晚五，但下班以后要经常应酬。张沫是公立医院的一名护士，工作也很辛苦、很忙碌。两人工作虽然繁忙，但由于年纪较轻，并没有影响日常生活、社交生活。结婚两年多，家中又添了一个新成员，就是他们的女儿琦琦。有了琦琦以后，张沫的生活就完全不一样了。

　　护士的工作非常辛苦，更别说还要经常值夜班。张沫想要保

持足够的精力工作，就必须有足够的睡眠时间。有了琦琦以后，睡一个好觉就成为张沫最大的愿望。光是喂奶，就成为张沫的梦魇，少的时候一天要喂上七八次，多的时候一天要喂上十几次。即便孩子的奶奶来帮忙照顾，但喂奶这件事情总不能假手于人。于是，半夜起来喂奶是常事，有时候中午还要匆匆回家喂上一次。

在琦琦还是婴儿的时候，张沫觉得不管是作为一名护士，还是一名母亲，都有些力不从心。她一度想要辞去工作，但最终还是坚持下来。她不停地催眠自己，等到孩子断了奶，一切就都好了。

琦琦断奶以后，张沫睡眠的问题得到解决，但其他的麻烦接踵而至。不管是照顾孩子的饮食起居，还是教孩子生活技能，所有的事情都要由她一个人承担。丈夫每天晚上应酬回来，女儿往往已经睡了。即便女儿没有睡，也不能指望酩酊大醉的丈夫能帮忙照顾、教育女儿。到了这个时候，她还是不断地给自己催眠，等到女儿长大一点儿上学就好了，到时候有老师教，自己就能轻松许多。

好不容易熬到孩子上学，张沫却发现，自己的情况一点儿也没变好，不仅要料理孩子的生活起居，还要负责监督孩子做作业，处理孩子在学校的众多事情。后来，她发现就连孩子的社交生活也需要她来指引。

没有对比就没有伤害，如果说带孩子的辛苦已经让张沫习以为常，但朋友圈里自己昔日的大学同学、同事，生活则显得滋润得多。她发现其他妈妈并不像她一样，除了工作外，其他的一切都围着孩子转：她们外出旅游，看一场喜欢的电影，又或者是在休息日叫上三五好友喝下午茶；而张沫这几年几乎连悠闲地逛街都没有过几次。她浏览了自己这几年发的朋友圈，大多是孩子的事情和对工作的抱怨。

想到这里，张沫又打开了丈夫的朋友圈。几年的朋友圈看下来，发现丈夫的生活除了多了个孩子外，基本和之前没有变化，依旧是自己感兴趣的一些东西，今天又去了哪个餐厅，昨天又去了哪个KTV。

巨大的差异让张沫觉得很委屈，在家庭生活里，她受到了不公正的待遇。为了孩子，她几乎牺牲了所有的个人时间，而丈夫却好像没事人一样，从来没有尝过养育孩子的辛苦。特别是在她得知其他朋友之所以能保证生活质量，最根本的原因是有孩子父亲一起照顾、一起教育，分享育儿过程中的种种喜悦和难过。

从那天开始，张沫对待女儿和丈夫的态度就开始悄然发生转变。对女儿，她不再像以前那样全神贯注、有耐心了。对女儿发火，在过去是很少出现在她身上的事情。而从那天以后，似乎成了没什么大不了的事情。对丈夫，她的态度日渐冷淡，说话做事经常挑刺、找碴儿。

家庭不是一个人的。当张沫的心态开始失衡，整个家庭氛围也会不可避免地发生变化。家中的欢声笑语不见了，经常弥漫着一种难以言说的紧张，似乎只要一点儿火星儿，就会发生惊天动地的爆炸。两个月后，琦琦的考试成绩成为引发爆炸的导火索。

由于母亲的变化，琦琦时刻处在紧张之中。张沫对琦琦的家庭作业也变得不那么上心，一旦作业出现问题，失去耐心的张沫就会严厉地批评琦琦。这样的情况导致琦琦的成绩一落千丈，然而这一切是在期末考试以后，张沫拿到成绩单的时候才发现的。

琦琦的成绩在短短半个学期就下降了十几名，这件事情值得夫妻俩坐下来好好谈谈了。让张沫没有想到的是，她还没有开口，丈夫就恶人先告状地说："女儿成绩下降这么多，这段时间，你怎么管的？"这句话直接点燃张沫的怒火，她马上还击说："什么叫我怎么管的？女儿长到这么大，不管是生活还是学习，你管过吗？所以，一点儿都没有管，好过没有管好是吧？那以后我也不管了。"

丈夫压根就没有想过，张沫会有这么大的怨气。他还要说什么，张沫就已经大声哭了起来。丈夫这才慌了手脚，赶紧安慰妻子。等张沫不哭了，丈夫才从张沫口中得知，育儿不像他想得那样轻松、那样简单，是一件非常辛苦、格外忙碌而又十分复杂的事情。

张沫冷静下来以后，夫妻二人最终决定，让丈夫申请调去一个待遇虽然不如现在好但非工作时间更多的岗位，以保证女儿在成长的过程中也能感受到父爱。张沫也不必再一个人负责孩子所有的事情，有一点儿属于自己的私人时间。

育儿这件事情，绝不是夫妻中某个人的责任。共同做好育儿这件事情，不仅对孩子的成长有好处，也有利于维持家庭稳定，增进夫妻感情。不过，解决"丧偶育儿"也是有窍门的。只有靠这些窍门，才能打破落后的传统观念，让孩子的爸爸愿意参与到育儿这件事情中来。

窍门一：培养父亲与孩子的感情要趁早。孩子是母亲怀胎十月生下来的。在这十个月中，亲子感情的建立是自然而然的。对于父亲来说，则会缺少这一过程。想要培养父亲与孩子的感情，避免"丧偶育儿"，应该让爸爸在孩子尚未出世的时候就参与到这一过程中来。

不管是产检、胎教、购买妇婴用品，还是学习照顾婴儿的基本方法，都应该和孩子的爸爸一起进行。这样一来，爸爸就会在孩子尚未出世的时候与孩子建立起情感，将来也会愿意花更多的时间陪伴孩子。

窍门二：别让孩子的爸爸觉得育儿是件费力不讨好的事情。育儿并不简单，有些人天生比较粗心，又或者是刚刚学会还没有熟练。这时候出现一些错误是很正常的。但如果因此遭到埋怨、责骂，孩子的爸爸就会产生费力不讨好的情绪，以后就会对做这件事情产生抵触心理。

出现错误，孩子的爸爸需要的是被传授正确的处理方式。埋怨、责骂并不会让他在下一次就能把事情做好。如果三番两次地产生抵触情绪，今后他可能就会对出现问题的这一环节敬而远之。时间长了，他愿意参与的育儿环节会越来越少，最终变成"丧偶育儿"。如果能纠正他出现的错误，并在他做对后给予一点儿鼓励，让他产生成就感，他就会更加愿意参与到育儿这件事情中。

窍门三：制造爸爸与孩子单独相处的机会。让爸爸与孩子单独相处一段时间，是有很多好处的，不仅可以让他体会到照顾孩子的艰辛，体会到妈妈的辛苦，还能提升与孩子的感情。

父亲不仅仅代表他与一个小生命有血缘关系，更代表着责任，代表一种全新的家庭身份。除了他和妻子外，还多了一个需要他照顾的人。如果不多制造一些与孩子单独相处的机会，他认知这种身份的速度就会很慢。让他们单独相处一段时间，独立完成一些育儿事项，能让他更快地进入角色。

"丧偶育儿"是造成家庭不和谐的重要原因，而受到家庭的影响，孩子的生活状态、学习状态也会逐渐走低。只有真正地让男人意识到自己的身份除了是丈夫还是父亲，才能改变"丧偶育儿"的状况。特别是在育儿初期，一定要将孩子的爸爸带入育儿工作中来，绝不允许他游离在育儿工作之外，否则就会出现"丧偶育儿"的情况，造成妈妈失衡、孩子失控的糟糕局面。

再完美的妈妈，也抹不平父爱
缺失的落差

当今社会，女性所扮演的角色越来越重要，越来越多的女性打破人们的偏见和传统想法，在许多过去被认为只有男人才能胜任的领域中大放光彩。可见，男女之间在社会角色上的差距并不大，男性能胜任的工作，女性未必就不能胜任。那么，在家庭中，母亲能否完全取代父亲呢？伟大的母爱能否填补父爱的缺口呢？答案是否定的。不管多完美的妈妈，归根究底仍然是一名女性；不管多完美的妈妈，毕竟只有一个人。

小玥是个女强人，大学毕业以后，就跟大学时认识的男友结婚了。匆忙地结婚，匆忙地生孩子，这一切都是为空出时间来创业。

创业是小玥最重要的人生目标，每天忙于工作的她，忽略了家庭。就在她的事业蒸蒸日上的时候，她发现了丈夫出轨的事实。小玥果断选择离婚，带着女儿莹莹生活，母女二人相依为命。所幸小玥的事业发展得不错，需要自己操心的事情越来越少，因此，她有充足的时间照顾女儿。

　　小玥还年轻，也考虑过再婚。但她对男女之情没有太多的渴望，上一次失败的婚姻又让她不敢再在感情上草率，最终她还是决定和女儿一起生活。毕竟要是再找到一个不合适的男人，受伤的可能不仅是自己，还有莹莹。

　　作为一名女强人，小玥从没有考虑过自己有什么做不到的事情。她虽不相信养育孩子是母亲的职责，也知道父亲对孩子的重要影响，但还是觉得凭借自己的努力，能将孩子失去的那份父爱补上。

　　小玥读了大量的育儿书籍，了解在育儿过程中母亲和父亲会扮演怎样的角色，又会对孩子的成长造成怎样的影响。在教育孩子的过程中，除了一些基础的生活常识外，父亲应该交给孩子的，她完全没有落下。这可是真正地又当爹又当妈，幸好莹莹一直健康、茁壮地成长，学习成绩也不错，与人相处时虽然说不上热情开朗，但也算是落落大方。

　　莹莹越长越大，小玥的事业也是步步高升。这一年，小玥打算在年底的时候找公司的几名骨干员工一起吃饭，给他们包几个红包。莹莹年纪也不小了，小玥想了想，就把莹莹带了去。结果到了饭店的包间，莹莹一改往日的落落大方，变得非常拘谨，也不爱说话。在小玥给莹莹介绍这些叔叔阿姨的时候，莹莹居然一直往小玥的背后缩，一副很紧张、很害怕的样子。这时候，小玥才察觉到，女儿今天的表现不对劲，这不是见了陌生人应该表现出的害羞。

　　回到家以后，小玥想要跟女儿聊聊，今天为什么会有这样反常的表现。但又一想，还是先跟老师打听下，看看莹莹在学校的

表现。如果还有其他问题，一起谈也不迟。第二天，小玥给老师打了电话，打听女儿在学校的表现。老师对莹莹在学校的表现非常满意，说莹莹上课认真，学习成绩好，也能团结同学，并没有不好的表现。小玥着重询问了莹莹和同学互动的问题，特别是女儿在学校有没有被欺负。老师的回答是，一切正常，莹莹在学校里人缘很好，大家都很喜欢她。

看来，如果不直接问莹莹，是没办法揭晓谜底了。但小玥和莹莹谈话的时候，发现莹莹也说不出什么。最后，在小玥富有技巧又循循善诱的追问下，莹莹才总结出原因：之前没有接触过那样长胡子的人。

到这个时候，小玥才恍然大悟，原来在日常生活中，莹莹从来没有接触过成年男性。女儿的社交圈子就是学校和家里。学校里给莹莹班级上课的老师都是女性，而在家里，莹莹接触到的只有保姆和妈妈，外公虽然是成年男性，但接触的次数并不多。

最开始，小玥没有觉得这是什么大不了的事情，毕竟随着女儿的不断长大，将来会在生活里接触到越来越多的成年男性。最开始会有老师，后面还会有各种商店的老板、同班同学、男朋友、工作时的上司等。即便现在她不能适应，将来总有适应的那一天。没想到，小玥把这件事情当作女儿的一件趣事和朋友说了以后，却从朋友那里得到完全不同的答案。

朋友有个亲戚也是单亲家庭，是母亲带着女儿生活。那孩子小时候和莹莹很像，学习成绩不错，平日里性格也挺大方，但一见到成年男性，就表现得非常紧张，说不出话来。既然孩子的性格没有问题，长大以后一切都会好的。没想到，那个女孩一直到21岁，和成年男性说话紧张的问题不仅没有解决，反而变得根深蒂固，越来越严重。

大学毕业以后，到了找工作的时候，面试了许多家公司，却没有收到一份录用通知，因为每次面试时，现场都有男性面试官。她看见男性面试官，原本轻而易举就能回答的问题，却变成了绕口令，再好的想法，从嘴里说出来也变得乱七八糟。现在能解决这个女孩问题的，就只有心理医生了。

小玥听了朋友的话，才开始重视这件事情。之后，小玥给女儿报了补习班，特意打听有男性老师授课后，就不顾女儿的反对把女儿送了进去。生活里，小玥又刻意创造女儿自己买东西的机会，增加女儿在生活里和成年男性接触的机会。过了一段时间，莹莹才逐渐改掉见到成年男性就紧张的毛病。

都说父母是孩子最好的老师，可见在教育子女这件事情上，父母的作用是多么巨大。许多传统家庭认为，孩子没有上学的时候，教育靠母亲；上学了以后，教育靠老师。其实不然，年幼的孩子如同一块干燥的海绵，会拼命地吸取一切他们能接触到的新鲜事物。一些是对方主动灌输的，如家中父母教的知识、学校老师教的知识，而孩子学到的其他知识，则是他们主动汲取的。

孩子主动汲取的这部分内容，是平日里接触到的人的言谈举止，是与各种各样的人相处的经验，是经常做某件事情时如何能把事情做好的方法。年幼的孩子，在生活中接触最多的人就是父母。除了父母教授的知识外，孩子还会模仿父母是怎样做事的，学习如何与父母这种类型的人相处。

如果是在一个父爱缺席的家庭，平日里孩子能接触到的只有母亲。那么，作为女孩就会缺少与成年男子接触的经验，也学不会该用怎样的姿态和成年男子相处。这种状况，有些会随着年龄的不断增长而变好，有些则会愈演愈烈，到最后甚至害怕见到陌生的成年男性。

作为男孩，父爱缺席也有着很大的影响。父亲应该是男孩最早模仿的对象，是男孩最早想要成为的样子。如果是在父爱缺席的家庭长大，男孩将来在成为丈夫、父亲的时候，就很难融入到角色中去。他们不仅没有这方面的经验，甚至连一个模仿的对象都没有，很容易造成下一代继续父爱缺席，最终成为恶性循环。

再完美的妈妈，也弥补不了父爱造成的落差。这不是经验的问题，也不是能力的问题，更不是上心不上心的问题。每个人都有自己的社会角色，都有自己的家庭角色。孩子要在一个完整的家庭中长大，否则就要用一些特殊手段来填补空缺。

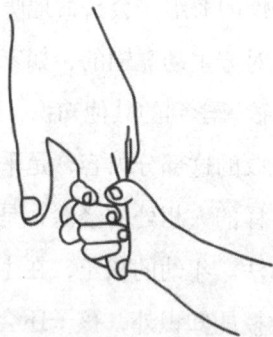

钱和孩子，哪一个更重要

赚钱是人生中最必要的事情之一。想要生活得好一点儿，就必须赚钱，而且要多赚钱。忙于赚钱，是许多家庭父爱缺席的原因之一。父亲总是把钱挂在嘴边，总是说为了孩子，为了家庭，才会拼命赚钱，顾不上别的事情。

的确，更好的教育、更多的才艺技能，都离不开更多的钱。想要让孩子赢在起跑线上，不落在同龄人后面，金钱似乎是一种必需品，起着基础的作用。但是因为忙着赚钱而忽略孩子的正常成长，这值得吗？或者说得再严重一些，钱和孩子，究竟哪一个更重要呢？

有许多成功人士，他们成就了伟大的事业，用在工作上的时间远远胜于家庭。但是，他们有许多出色的子女，甚至成为他们事业的继承者。这些父亲忙着赚钱，他们的孩子也没有毁掉。

埃隆·马斯克排在福布斯排行榜的第二位，他钱赚得不少，工作也非常忙碌。甚至可以说，他是亿万富豪中时间最紧张的一个。早在创业的时候，他就经常忙到去朋友家借沙发睡觉的事情。

在特斯拉一次又一次出现状况的时候，他就睡在工厂办公室，以保证提高工厂产量。但不管多忙，他都没有忽略过自己的孩子。

创业时期，不管多忙，他都不会忘记答应孩子们露营的承诺。休息日的时候，经常只睡几小时，就坐飞机匆匆赶到露营地点，陪孩子们度过愉快的一天，然后晚上再搭乘飞机前往另一个城市继续工作。

和前妻离婚后，马斯克每周有四天要和孩子们在一起。为了保证孩子能健康成长，他始终坚持亲自送孩子上学。当他发现送孩子上学要在路上花费许多时间后，让人替他送孩子上学这个想法并没有出现，出现的是能不能让孩子在他的工作地点附近上学。于是，他开办了学校。这样一来，他就每天都能送孩子上学了。

马斯克的确有非常强烈的事业心，但却从来没有忽略过对孩子的陪伴和教育。在父爱缺席的家庭，父亲往往没有那样忙碌，即便有休息的时间，也会认为自己辛苦了那么长时间，理应好好休息，做些自己喜欢的事情，把育儿的事情完全交给孩子的母亲，认为为家庭提供足够的物质条件就足够了。

良好的环境，充足的经济基础，这样的家庭一定能养育出好孩子吗？未必。家境优越的家庭出现坏孩子的概率并不低。如今，人们使用"富二代"这个词的时候，往往并不带有感情色彩。但最开始的时候，这个词是作为贬义词出现的，用来特指那些家境优越、经济条件极好，但内心脆弱、缺少才能、热衷享乐的年轻人。随着越来越多家境较好、品格与才能也都不错的年轻人出现在大众眼中，"富二代"一词才不仅仅只有贬义。

现在，问题又回来了，钱和孩子哪个更重要呢？其实，每个人都知道答案，当然是孩子更重要。这不仅是中国人传统的价值观决定的，更是因为好的孩子是比金钱更加宝贵的财富、更加重要的宝物。孩子总会长大，会接过父母手中接力棒，成为家庭的顶梁柱。一个好的孩子，会让家庭保持稳定，让家庭成员幸福；而一个糟糕的孩子，则可能会为家庭带来无穷无尽的麻烦。

既然孩子更加重要，那是不是要倾尽一切，保证孩子的成长呢？父母是否应该放弃自己的前途，一切都围着孩子转呢？也不是。不少父母放弃似锦的前程，来到孩子身边陪读，把未来的一切都押在孩子身上，这样的孩子很多也不会成为父母想象中的孩子。当孩子还小的时候，他们并不懂得父母这样做究竟失去了什么，可能只是觉得，自己走到哪里都有父母照看着，这有好的地方，也有不好的地方。当孩子逐渐长大，知道压力是什么的时候，知道父母为了他放弃什么的时候，一切就都不一样了。

父母放弃自己的事业，把一切都倾注在孩子身上，这相当于一种投资行为。父母失去了多少，自然就希望从孩子那得到多少，甚至更多。这一过程中，没有人能始终拥有充足的信心。父母会患得患失，孩子也会患得患失。在巨大的压力之下，孩子对完不成父母的期待是充满恐惧的。这种恐惧加上巨大的压力，最终会让孩子产生逃避心理，甚至在重压下崩溃。

我们所说的"孩子更重要"，并不是一定要在孩子与金钱之间做出取舍。其实，孩子要得并不多，可能只是在某个特别的日子，父亲能陪他一起吃晚饭；可能是在父亲答应他某一天能陪他玩的时候，不会因为工作、疲惫或者其他事情，最后告诉他：爸爸不能陪你了。

孩子希望得到父爱，这种父爱更多的时候是陪伴，是认同，是重视，是温暖，这些是再多的金钱都换不来的。

有爸爸参与带大的孩子，
可能更优秀

　　评价孩子优秀与否，要从多个角度来考量。许多家长认为，只要孩子听话、会读书，就可以了，其实这远远不够。有些孩子并不是特别听话，调皮捣蛋如家常便饭，学习成绩平平，在班级中说不上是顶尖的。但这样的孩子，往往在自我意识彻底形成，进入青春期以后，表现出优秀的独立思考能力，学习成绩也是突飞猛进。他们的成长大多是爸爸参与的较多。可见，有爸爸参与带大的孩子，比父爱缺席的孩子更加优秀。

　　这里要重点申明，由爸爸参与带大，而不是只有爸爸带大。父母在孩子成长的过程中，都是非常重要、不可替代的角色。如果缺少哪一方，孩子都很难成长为身心都非常健康的孩子。只不过在当今社会，育儿的重担往往落在母亲身上，造成父爱缺席。如果父亲真的为孩子好，就应该分出一些精力在育儿上，而不是只想着给孩子提供更好的经济条件。

　　赵程从小就是邻居口中"别人家的孩子"，不仅学习成绩始终名列前茅，而且很体贴父母，乖巧听话，很少做让父母操心的事情。长大以后，赵程也没有让父母失望，他考上一所医学院。毕业以后，他顺利地成为一家医院的医生。工作几年以后，他就和高中时的一个女同学结婚了。一年以后，妻子为他生了一个可爱的女儿。

有赵程在前，不仅是赵程的父母，老家许多从小看着赵程长大的人，都很看好赵程的女儿婷婷。他们认为，青出于蓝而胜于蓝，父母都如此出色，婷婷将来一定是个了不得的女孩。没想到，随着婷婷一天天长大，展现出与他们想象中截然不同的样子。

婷婷上小学的第一次考试，语文考了84分，数学考了76分。成绩看似还算可以，但一看名次，竟是班级倒数几名，班级中有半数左右的学生两科都是100分。似乎第一次考试就奠定了婷婷小学生涯的基调一般，接下来的几年里，每次考试，婷婷的分数都在80分左右，鲜少有90分的时候，不过名次有所提高，始终排在中游。

这一点让赵程的父母很不满意，经常问赵程是怎么教育孩子的。赵程小时候考试都是双百，怎么到婷婷这就总是80分。赵程总是一副不慌不忙的样子，跟父母说，孩子又不是不喜欢学习，只要养成上课听讲、放学写作业的习惯就好了，成绩什么的，将来总会好的。

除了学习成绩外，婷婷还有其他让爷爷奶奶不满意的地方。父母经常对赵程说，这孩子站没站相，坐没坐相，让她好好待一会儿比什么都难，一闲下来就问东问西。爷爷做个菜，她恨不得下手尝尝每种调料是什么味。这么调皮，哪有一点儿女孩的样子。

对于这一点，赵程也没想改变。他经常对父母说，孩子还小，喜欢玩，有好奇心，只要分得清好坏，不闯祸，就没什么不好的。

沟通了几次以后，赵程的父母也不再提让赵程好好教育婷婷的事了。邻居知道了婷婷的事情，也不过是多说几句，这孩子跟她爸爸小时候一点儿都不一样。

其实，课堂上学习的知识，赵程自然是要求婷婷掌握的。剩下的课余时间，赵程经常带着婷婷学一点儿课外知识，搞一点儿小规模的科学实验。他认为，这样不仅能促进孩子对学习的兴趣，还能培养孩子的好奇心和动手能力。所以，当婷婷提出问题时，他从不像自己的父母一样敷衍了事。赵程如今还记得，他小时候问妈妈，为什么晴天也会下雨的时候，妈妈告诉他是狐狸结婚。如今，婷婷问这个问题的时候，他会告诉婷婷，是因为下雨的地方很高，在半空中被风吹到这里。

当然，赵程对婷婷也是有要求的，只不过不在学习成绩上。他要求女儿每天吃过晚饭，必须完成家庭作业才能去做其他的事情，每天都要帮助家里完成一些力所能及的家务，每天看电视的时间也有限制，按时上床睡觉。赵程的父母认为赵程太过于骄纵婷婷，实际上，赵程是个真正的严父。他立下的规矩，是坚决不能打破的。婷婷试过向爸爸撒娇，也试过像其他小朋友一样在地上打滚，但这一切都不会让赵程心软。几次，婷婷的妈妈都帮婷婷求情了，赵程还是黑着脸，不肯放松一点点。

赵程对婷婷的教育，是经得起时间考验的。在婷婷上了中学以后，课程渐渐有了难度，许多学习成绩曾经比婷婷好的学生，因为课程难度的提高，成绩开始下降。而婷婷就好像感受不到压力一样，始终保持着自己的节奏，成绩稳步提升。等到临近中考的时候，婷婷已经是全校最好的几名学生之一了。中考时，婷婷表现优秀，没有任何意外地考上了重点高中。

孩子的健康成长离不开妈妈，也离不开爸爸。自古以来，人们在教育孩子的时候，常说严父慈母总相宜。父亲能在孩子成长的过程中培养孩子守规矩、养习惯，而母亲则能教会孩子究竟怎样做才叫好的习惯。面对一道应用题的时候，父亲会告诉孩子还有其他解题方式，思想不要被禁锢；而母亲则会告诉孩子哪里更容易出错，最好要细心验算几次。

所以，在孩子的成长过程中，爸爸参与时，别担心爸爸笨手笨脚，也别担心爸爸总是有些不靠谱的主意，这些在孩子的成长过程中或许都能转化成宝贵的财富。

第二章

爸爸温柔浑厚的声音，正是孩子优生胎教的核心

胎教被认为对孩子大有好处，好的胎教能让孩子真正地在起跑线上就胜人一等。但是做胎教，有些人会认为是怀孕的妈妈应该做的事情，其实不然。爸爸作为孩子生命中最重要的角色之一，也应该参与进来，少了爸爸的胎教是不完整的。

爸爸的胎中陪伴，让胎宝格外心安

现在，人们越来越重视胎教。从科学角度来说，胎教最初的目的其实就是在妊娠期间为怀孕的准妈妈创造良好的心态和孕育环境，从而促使胎儿正常发育和优生。这也是提高人口先天素质的一种方法。

因为胎教主要针对的是怀孕的准妈妈，所以很多人不知道，完整且科学合理的胎教，也需要准爸爸一同参与。从准妈妈的角度来说，丈夫温柔的陪伴能够让她们的情绪更加稳定和愉悦，而她们的心理状态会直接影响到胎儿的健康状况。如果怀孕的准妈妈能够一直处于快乐、舒适且安心的状态，孩子也会更加舒适地成长和发育，出生后孩子的安全感也会更强。

小刘怀孕 30 周了，从前一天晚上就一直拉肚子，她以为是吃坏了东西。没想到第二天一早小腹开始拧着劲儿地疼，她赶紧来到医院检查。小刘一个人挂了急诊，通过超声波检测，医生并没有发现胎儿有什么异常。但小刘还是找到一个心理医生，医生看了检测结果安慰她说："没关系，可能因为腹泻，小腹有些胀，检测胎儿没有异常，你可以放心了。"

一般情况下，准妈妈听到这种结果，都会舒一口气，安下心来，但小刘却一脸凝重。医生以为她还在担心，继续说："没关系，你可以回家休息了。"

"不……"小刘略带哽咽地说，"医生，我每天的心情都不好，知道这样会影响胎儿的发育，可我真的高兴不起来。"

医生听到小刘的话，觉得应该排除她因产前心理问题造成的假性腹痛，于是问："你为什么高兴不起来呢？你知道原因吗？"

"我……"小刘犹豫了一下，但继而又像下定了决心似的，说，"我老公一点儿也不关心我，我的朋友怀孕后，她老公照顾得可细心了，特别是胎教，买了好多书，而我老公根本不关心我。"

医生在心里松了一口气，有具体原因引发，没有什么大问题，但事情还是需要解决一下，便问："您的丈夫很忙，是吗？"

"他自己经营一家公司，我觉得没有那么忙，哦，只是经常出差。"小刘认真地回答。

"那您就这个问题与他沟通过吗？"医生问。

"没有，这怎么要求？我想他应该明白这个道理的。"小刘坚定地回答。

医生查看了小刘的就诊记录，果然从怀孕到现在，产检都是她一个人在做，丈夫一次也没有来过，而且小刘现在的情绪已经明显有了问题。于是医生说："这样，我在医嘱栏写个建议，你回去给你的老公看下。"医生用笔清晰地写了几个大字：建议丈夫陪伴产检。

小刘回到家让丈夫看了医嘱，丈夫没有说什么，一周后便陪着小刘去产检了。心理医生在超声波室里接待了他们。

医生问小刘的丈夫："您喜欢这个孩子吗？"

"当然！"小刘的丈夫回答得很干脆，继而又小声说，"我只是因为太忙了，孩子在她的身上，我又不能帮什么忙。"

医生打开超声波仪器，对小刘的丈夫说："你看，这个就是你家的胎宝宝，可爱吧？"

小刘的丈夫的眼睛盯着屏幕，没有说话。医生继续说："那您用最真挚的声音叫他一声好吗？"

小刘的丈夫疑惑地看着医生问："我说话，他能听见吗？"

医生笑笑说："你试试。"

"好吧！"小刘的丈夫看起来有点不情愿，但出于好奇，他缓缓开口："宝宝，你能听到我说话吗？我是爸爸。"

这时，胎儿动了一下。小刘的丈夫被吓了一跳，又继续说："我是爸爸，宝贝。"果然，胎儿又动了一下。这下把小刘的丈夫激动坏了，刚要大声喊，医生拦住他，说："你看，胎儿是能听到你的声音的，这就是为什么很多人会选择做胎教。爸爸的声音对胎儿来说，是十分安心的存在。"医生又指了指显示屏，说，"你看，孩子竟然如此迅速地意识到爸爸在叫自己，这就是血浓于水的亲情。如果您能更积极地与妈妈一起胎教，将来这个孩子出生后一定会是个活泼可爱的孩子。"

两周后，小刘产检时，脸色明显红润，整个人看起来也很有精神。这两周，她老公的陪伴更多了，也参与了胎教，还包揽了胎教故事环节。小刘对医生说："谢谢您，我觉得这段时间很安心，胎宝宝好像也不怎么折腾我了，也没有腹痛。谢谢您！"

虽然孩子在准妈妈肚子里，但这不意味着怀孕只是一个人的事。无论是作为妻子的丈夫，还是孩子的爸爸，男性参与到胎教

的过程中都能够达到安抚的效果。而且，在妈妈腹中的孩子时常听到爸爸的声音，安全感也会提升，出生后的自信心会更强。

《黄帝内经》《千金要方》《颅囟经》等不少著作都有过胎教的记载。文献中对胎儿正常发育和孕妇身心健康保健都有指导，而且建立了"外象内感""因感而变"的独特中医理论。历代医家肯定了孕妇的精神状况会直接影响胎儿的智力发育，而决定准妈妈精神状况的第一关联人就是准爸爸。

而且，你知道吗？胎儿也是有感觉的。在准妈妈怀孕第15周的时候，孩子的听力就已经形成，他们能听到外界的一些声音；第27周的时候，他们的听力神经系统已经发育完善，能清楚地感知到外界的声音；等到第32周时，孩子不只能听到准妈妈说话，还能听音乐。胎儿听力的形成过程中，高分贝的声音会对胎儿造成损伤，而准爸爸浑厚温柔的声音会让胎儿觉得更安心。

有些时候，准爸爸说话时，准妈妈能明显感觉到胎儿的反应，那是因为胎儿是喜欢爸爸的声音的。其实，婴儿出生后，你也会发现，当他们哭闹不止，而妈妈束手无策时，爸爸的轻轻抚摸和唱他熟悉的歌可以使他尽快安静下来并入睡，这就是因为他们在妈妈腹中时曾经听到这种低沉、深厚的声音，会觉得更安心，安全感也会更强烈。

布莱德·格尔曼的名字或许你比较陌生，但他的"胎儿电话机"你应该听过。

当年，他听说胎儿5个月以后就有听力了，而且还可以通过耳朵等学习，就开始设想如果自己能通过什么与未出世的孩子建立联系，那孩子出生后一定会更加爱他，于是发明了"胎儿电话机"。

　　"胎儿电话机"有点类似于收录机，它可以通过母亲的肚皮将声音传递给胎儿，然后随时记录下胎儿听到声音后对子宫刺激的反应，最后把这些微弱的子宫内声音再放大，这便形成一种"对话"。

　　布莱德·格尔曼每天不间断地将录制好的对胎儿讲的话和唱的歌曲放入电话机内，然后将其放在妻子腹部子宫的位置，进行实验。一段时间后，他发现，话筒直接与胎儿讲话和唱歌，他会变得安静然后靠近妈妈腹壁，当他不喜欢那种声音时，会马上转过头，或者用脚踢妈妈来反抗。

　　孩子出生后，格尔曼常常很兴奋而骄傲地向朋友炫耀："我的孩子生下来不久，她一听到我的声音就会掉转头对着我，我简直无法形容她这样做使我多么高兴。"

　　有些人会觉得怀孕是妈妈一个人的事儿，胎教也是妈妈一个人完成就行，但却不知道，胎儿对爸爸的陪伴渴求是很大的。当准爸爸用低沉地声音一声声唤着孩子时，除了让胎儿感受到父爱，更重要的是拥有了强烈的安全感。当爸爸参与胎教时，准妈妈的幸福感、胎儿的安全感都会瞬间飙升，这不是家庭最好的生活节奏吗？

甜言蜜语不仅宝妈爱听，胎宝也爱听

医学研究表明，胎儿在子宫内最喜欢也最适宜听到的是中、低频的声音，而男性说话及唱歌的声音正是以中、低频为主，所以胎儿生长发育过程中，准爸爸的声音会给胎儿带来极舒适的感觉。看来，这甜言蜜语不仅令准妈妈身心愉快，更能让孩子安心舒适。

生活中，我们可能会发现，有些婴儿刚出生后见到爸爸会吓一跳，听到爸爸或者其他男性说话会哭。出现这种状况，通常说明准爸爸很可能没有参与胎教的过程，以至于孩子在胎儿期很少听到男性的声音，所以才会对男性的声音有着惧怕、警觉的反应。所以，如果希望孩子能够对你亲近一些，那么在准妈妈怀孕期间，准爸爸就不要怕麻烦，试着多和准妈妈腹中的孩子说说话，让孩子习惯你的声音、习惯你的陪伴。这对孩子的生长发育是大有好处的。

小齐是一个很爱笑的小朋友，今年 3 岁多了，人见人爱。小齐的妈妈特别喜欢汉服，常常一大一小亲子装出游，引来不少人主动邀约拍照。

小齐活泼开朗，如果有人来求拍照，她一定会甜甜地笑着说："好啊！"然后主动摆出各种姿势配合。

其实，小齐的妈妈是一个很内向的人，而且因为原生家庭影响，缺乏安全感，直到遇到小齐的爸爸，她的脸上才慢慢有了笑容。小齐的爸爸体贴温柔，人们从来没有见过他发脾气。他还细心，很多时候小齐的妈妈一个眼神，他就能猜到妻子在想什么。

在小齐的妈妈怀孕期间，小齐的爸爸使出浑身解数让妻子保持愉快心情。他每天上班前和下班后，一定要抱抱妻子，轻声说："我爱你宝贝，你是世界上最美丽的妈妈。"然后轻轻亲亲妻子的肚皮说："小宝贝，爸爸爱你哟。"

准妈妈在怀孕期间极容易缺乏安全感，变得敏感、多疑，甚至焦虑、抑郁，而小齐的妈妈从来没有这样的感受，她觉得自己时刻被老公的爱包围着。神奇的是，她的妊娠反应也不强烈，胎儿好像十分照顾她，从来不在晚上折腾妈妈。小齐的妈妈后来常常炫耀说："真的好神奇，当老公说亲亲晚安后，小齐好像听懂了，也乖乖睡着了。"

小齐出生后也比寻常的孩子更乖，她白天很活泼，晚上很安静，跟爸爸的关系也很亲密。有时她哇哇大哭，但爸爸轻轻一哄也就乖乖的了。

这其实就是在孩子胎教中爸爸发挥主动性的结果。在准妈妈养胎过程中，准爸爸起着关键性的作用。

首先，准爸爸是准妈妈整个孕期接触最多的人，他的一举一动都直接影响到准妈妈的心情，当然更会影响到胎儿的情绪。当准妈妈情绪不好时，准爸爸要用心开导，尽力安慰，及时纠正准

妈妈的坏情绪。要知道，如果准妈妈长期受情绪的困扰，她的压力感也会影响到胎儿，导致胎儿的胎动次数增多。这样一来，胎儿不仅发育不好，出生后还会爱哭闹、易受惊吓，甚至成年后也会出现怯懦、环境适应能力差、自卑等性格问题。

其次，谁都爱听好话，一些温暖人心的语言常常会让人心醉，谈恋爱时如此，准妈妈怀孕后更是如此。调查表明，常常听到准爸爸甜言蜜语的准妈妈，比偶尔听到一些关心语言的准妈妈幸福指数更高，胎儿也会表现得更活泼。

日常生活中，多用一些亲昵的词语，如"宝贝""小乖""亲爱的"等词来称呼准妈妈，能够有效减弱准妈妈的孕期压力。用这些亲昵词语来呼唤孩子，他也会记得这些词。当他出生后，你说出这个词语时，他会很快做出反应。这就是现在越来越多的准妈妈给宝宝起"胎名"的原因。

刘伟就是一个特别会说甜言蜜语的人，妻子怀孕时，把妻子宠得像个公主，妻子说东他从不说西，妻子说盐是甜的他马上说糖是咸的。而且，他参与了宝宝的全程胎教，从孕期的瑜伽到入睡故事，一个都不落下。他还有一个习惯，常跟胎儿对话，说话前总要加一句："宝贝，我是你爸爸。"这句话也常常把妻子逗得"咯咯"笑，胎儿在肚子中也会跟着"打个滚儿"。

他们的儿子出生了，大家都很高兴，纷纷来看望。但大家发现一个秘密，每当小宝宝哭闹的时候，刘伟一句"宝贝，我是你爸爸"像是个咒语，马上就可以止住宝宝的哭声。

对此，刘伟觉得很神奇。其实，这就是大家常听到的胎儿记忆。胎儿会在妈妈肚子中记下一些听到的声音、喜欢的语句，这种记忆一直持续到他的出生。

最后，孕期中还有一苦，就是妊娠反应。当孩子过于活泼或者受到外界刺激而活动过于激烈的时候，是准妈妈最难受的妊娠反应。此时，如果准爸爸能做"和事佬"调节下"母子矛盾"，是再合适不过了。

这时，准爸爸可以一边轻抚妈妈的肚子，一边温柔地说："宝贝，我们乖乖的，好不好？你的小脚丫等出生后踢爸爸行不，你妈妈快要哭了呢！"这样幽默的句子不仅可以让妻子感受到来自丈夫的关爱，还能帮助妻子转移注意力，缓解妊娠反应。更重要的是，这样充满安抚性的话语确实能够安抚躁动的胎儿。

爸爸是孩子成长中不可或缺的成员，他对孩子的习惯、性格等养成起着关键作用。这一作用其实从胎儿时期就已经开始发挥了。一个时刻沐浴于温柔甜蜜中的胎儿，在离开母体的那一刹那，也不会感觉到无助和孤独。

一天一个睡前胎教故事，宝宝天生就聪明

与妈妈的高音相比，爸爸浑厚、低沉的中低音能够让胎儿更为舒适。我们知道，胎教的一个重要环节就是睡前故事，如果准爸爸能够担起这个大任，那是再好不过的事情。而且，调查显示，一天一个胎教小故事，对孩子的智力发育有一定的促进作用。

霖霖是一个聪明、健康且懂事的孩子，认识他的人都称他为"小神童"，但是他的妈妈常常说自己并没有对他的学习、教育等多加费心，因为妈妈公司业务很忙，常常出差，的确没有很多时间盯着霖霖的学习或者教育。

霖霖的学习成绩是让很多人羡慕的，他刚刚上二年级就获得了全市奥数竞赛的冠军，三年级在全市作文大赛中又拿下第一名。包括舞蹈、书法等大赛，他的成绩也是名列前茅，家里的橱窗中放满他的奖杯。

但是每当有人夸奖霖霖时，霖霖总是一副谦虚的样子，常常说："成绩只是对我以前努力的肯定，并不能说明什么，未来

我要更加努力才行。"说这话的时候，霖霖才上三年级。妈妈看到霖霖的成绩十分骄傲，有时还会拿着他的奖杯对着朋友炫耀一番，但霖霖从来没有过一点儿骄傲，还是继续往家里抱回形形色色的奖杯。

教育电视台来采访，霖霖的妈妈接待了，但对记者的题目却一脸茫然。

记者问："请问，霖霖如此优秀，您一定在背后付出了很多吧？"

霖霖的妈妈愣在那里，肯定地回答吧，她确实对于霖霖的学习教育没有上过心；否定地回答吧，让人感觉她不真诚。所以霖霖的妈妈只是笑笑，没有回答什么。

记者觉得有些冷场，又换了个方法问："霖霖的妈妈，您是以什么样的方法教育出这么优秀的孩子呢？"

霖霖的妈妈又愣在那里，她镇定了一下，说："我其实没有特殊的教育方法，如果非要找个理由的话，我觉得应该是在他的胎教。"

记者拿出笔记本，认真地记着。霖霖的妈妈继续说："霖霖还有一个姐姐叫琳娜，是我的大女儿，今年上五年级了，但是学习成绩一直不理想。其实，琳娜的状态一度让我觉得孩子的智商是遗传爸爸妈妈的，我与她爸爸都毕业于普通本科院校，也没有特殊才能。但是在有了霖霖后，朋友向我推荐了一种很神奇的方法——胎教。"

霖霖的妈妈拿出一堆U盘和书籍，继续说："胎教真的很神奇，之前因为长时间在外地跑，胎儿一直不太稳，后来在老公的帮助下，我们一直对孩子进行胎教，慢慢妊娠反应正常了，胎儿的发育也趋于正常指标。更意外的收获是，霖霖出生后的聪慧让

我惊讶，我真的很感谢谢怀孕时老公和我一起进行的胎教。"

记者再次提问："我也听说现在都做胎教，你觉得霖霖的胎教有什么不同？"

"不同呀？那就是霖霖的爸爸一直在参与。"

"有什么不同吗？"

"当然，"霖霖的妈妈笑着说，"霖霖的爸爸的陪伴让我忘记了强烈的妊娠反应，每天都很开心愉快。一个孕妇的心情有多好，她的孩子发育得就有多好。"

记者从霖霖的妈妈的脸上看到了幸福的笑容，继续又问："那您至今记忆最深的胎教场景是什么呀？"

霖霖的妈妈似乎有些害羞，又或者是幸福得脸红了，回答说："睡前故事。那时有琳娜的时候，我们的家庭条件不是很好，两个人都挺忙，哪顾得上什么胎教呀。后来有了霖霖，老公一天不落地讲睡前故事，他那温柔的声音我至今还记得，很多时候我都听着听着就睡着了，霖霖在我的肚子里也很乖。而且，我觉得霖霖出生后，他的各方面表现都很好，可能也是这睡前故事积累的，特别是他的表达能力和情商都比其他小朋友要高很多。"

生活中，常常能听到这样的感叹："现在的小孩比以前的孩子懂得多了，而且也聪明。"不得不说，能够有这样的进步，胎教确实是功不可没的，无论是有意识的专业胎教还是无意识的耳濡目染，现在的胎儿在妈妈肚子中所长的见识，确实要比之前的孩子多得多。

睡前故事是有意识胎教的一个大板块。准妈妈到了怀孕的中晚期，身心的疲劳感会大大增加，此时如果准爸爸把睡前故事这杆大旗接过来，准妈妈和孩子都会更加舒适。而且，如果准爸爸来做这个事情，还可以很好地促进爸爸和孩子之间的感情。等孩子出生之后，他们对这种熟悉的声音也会很依赖，潜移默化中就培养了父子感情。

那么，要选择什么样的睡前故事呢？当然是听起来舒服的。如果能配上点轻音乐，效果会更好。当然，睡前故事不能太长，一般控制在10分钟左右，因为它可以促进胎儿大脑发育，简短的故事更容易引起胎儿的注意，这样就为他营造了一个学习的环境，对孩子未来想象力和创造力的形成是十分有利的。

其实，还有一点需要更正，睡前故事这个词常常被理解为"哄睡故事"，这是一种误解。科学证明，胎儿的听觉神经最敏感的时段是晚上8点左右，此时应该是给胎儿讲睡前故事的最佳时间。而且一个故事至少要讲三遍，重复故事的频率越高，胎儿的安全感越强烈，并会形成天然的韵律，辅助胎儿健康成长。

当然，准爸爸在讲故事的时候要注意调节自己的声音，尽量带着感情，讲时声音轻柔一些。形象、生动、有感情的语言和舒缓的语调，有利于胎儿调整呼吸和心跳。而且从生动的故事中，胎儿能感受到人物情绪的变化。他们可能不懂得谁是谁，谁讲的话是什么意思，但对故事中的情绪是可以感应到的。

准妈妈怀孕十月已经很辛苦，准爸爸一定要担负起爸爸这个角色所赋予的责任。当你持之以恒地给孩子讲故事时，准妈妈获得的安全感和幸福感也会大大降低产前综合征和产后抑郁的发生。孩子的成长发育是不可逆的，既然父亲的光环已经戴在头上，就努力给孩子持之以恒的陪伴吧。

为了胎宝的健康，为孕妈的
健康运动加油

准妈妈怀孕初期，并不会感觉到胎儿的存在，所以哪怕进入胎教过程，准妈妈的成就感和幸福感也不会太高。但在胎儿四个月左右的时候，准妈妈的肚脐下部会有稍稍隆起，此时准妈妈就可以明显感觉到胎动了，胎儿也能感受到妈妈的心跳和声音。胎教时，准妈妈会清晰地感觉到胎儿的存在，准爸爸也能感受到互动的快乐。

因为传统思想的影响，对于孕妇的常用嘱咐语就是："好好休息。"此时，准妈妈最明显的特征，也是会变得越来越懒散，倦意越来越大，但是胎儿的健康成长其实需要准妈妈进行适当的运动。此时，准爸爸一定要参与到胎教之中，陪准妈妈和孩子聊天，陪准妈妈做适当的健康运动，消除疲惫感和消极态度。

菲儿是家里的独生女，从小被妈妈捧在手心长大，出嫁后婆家也是对她百般宠爱。她的老公李刚对她很是疼爱，特别是菲儿怀孕之后，李刚对她照顾得更加细致入微。

怀孕三个月的一次孕检，发现胎儿有些不稳，医生便建议卧床保胎，这下可把菲儿一家吓坏了，赶紧让她躺在床上保胎，除了上厕所，几乎就不下床了。

两周后，孕检胎儿已经恢复正常，但家人仍对那次胎儿不稳十分介怀，依旧让菲儿卧床保胎。菲儿也习惯了一堆人围着她转的"女王"般的感觉，李刚现在更是省心，白天上班，晚上就依偎在菲儿身边打游戏。

时间一点点过去，菲儿依旧卧床保胎。六个月了，医生发现胎儿活动减缓，菲儿的腹部大得异常，消化功能也减退了，下肢还出现了肌肉萎缩现象。医生问菲儿："你现在每天的运动量多大？"

菲儿摇摇头："除了上厕所，我几乎都是躺在床上的。"

"为什么？"医生问。

菲儿还没回答，李刚就赶紧说："因为三个月的时候胎儿有不稳的现象，为了保胎呀！"

医生翻了下就诊记录，说："那是三个月，在此后的检查中不是已经恢复正常了吗？为什么还要卧床？这对孕妇和胎儿都不好，孕妇也需要运动的。"

小两口回到家，把医生的话告诉家人。婆婆一听马上坐不住了，说："老人都说孕妇要静，别听他的，出了问题谁负责？"

菲儿的妈妈紧接着说："现在都六个月了，运动什么呀，动一动就累一身汗，咱家又不是没人照顾。"

菲儿看向李刚，李刚也没有说话，因为他也不知道该说什么。后来，小两口还是没有说服老人，菲儿继续卧床保胎。但此时菲儿已经没了"女王"的感觉，心情总是闷闷的。晚上李刚回家后，菲儿总想冲他发火，但李刚却没有发现菲儿情绪的变化。

分娩的日子越来越近，菲儿现在笨重得已经无法自主行走。一天晚上，菲儿忽然觉得肚子很疼，一家人呼呼啦啦地把她送到医院。就在大家高高兴兴地在产房外等好消息时，产房却传来了坏消息："孩子心脏功能有问题，无法自主呼吸，需要签字抢救；孕妇也出现了心脏衰竭的现象，现在正在全力抢救。"

本来欢天喜地地等好消息，传出的却是噩耗，家人都接受不了这个现实。李刚抓着手术室的门，一遍遍叫着菲儿的名字。但无论家人怎么不舍，母子还是离开了人世。

虽然之后菲儿家人找到医院，他们要求以医疗事故处理产科相关医生，但经各种调查证明，菲儿母子的死并非医疗事故，而是由于孕期长期卧床，缺乏运动。

"养胎"这个词没有错，只是大家将这个词弄错了，"养"指的是调养、培养，并非一动不动。准妈妈孕期的适量运动是必要的，有准爸爸参与的运动更是再好不过。当然，孕期运动不能走极端，不运动是错误的，过度运动也是不合适的。

孕期运动可以选择孕中期，因为孕早期和后期子宫情况相对不稳定，胎儿容易出现状况。但中期时，孕妇及胎儿处于稳固成长的阶段，此时准爸爸可以每天陪妻子进行健康的运动，时间控制在半小时左右。

可供选择的孕期运动很多，孕期呼吸操是最简单且有效的孕期运动操。它可以使准妈妈身心放松，进入一种安心的状态，同时也可以给分娩储备能量和技巧。准妈妈仰卧在瑜伽垫或床上，全身放松，准爸爸用温柔的声音给准妈妈唱歌或者讲故事，抑或放一首舒缓的曲子。

　　这种呼吸操可以分为两种。一种是腹式呼吸操，准妈妈调整呼吸，两手轻轻放在肚子上，用鼻子舒缓吸气，直到肚子慢慢膨胀起来，然后缓缓吐出气，口型缩小，慢慢地用力坚持到最后，将体内的空气全部吐出。这种呼吸操每天坚持三次以上就可以，准妈妈在一呼一吸之间感受准爸爸的爱意及孩子的回应，幸福且安心。而且，这种呼吸方式在分娩的时候也很有用，可运用于分娩早期，不白白浪费力气。

　　另一种是交替呼吸操，准妈妈快速吸气呼气，一呼一吸大约两秒钟，也就是说呼气不要太深，这对分娩早期宫缩强烈时有着很大帮助，可以不那么疼痛难忍；完成几组快速呼吸后，进入驻停呼吸，也就是屏住气，缓缓深吸一口气，然后再屏住气，十秒后缓缓呼出气体，以这个方法反复练习，增加屏气时长。此呼吸方式在分娩时对胎儿的娩出十分有效。

　　这些呼吸操，准爸爸随时都可以陪伴准妈妈来做。当然，准爸爸参与感最大的运动还是肢体类有氧运动。在稳定的孕中期，准爸爸像一个保镖，又像一位陪练，规范的有氧运动既能使准妈妈身强体健，为分娩储存能量；又可以使胎儿茁壮、健康生长，提高免疫力。

　　运动准备阶段，准爸爸先帮准妈妈准备好所有的运动所需品，找一个氧气较充足、环境比较好的地点，为妻子准备一把椅子或者在地板上铺一个瑜伽垫子，然后准备一些温水，随时在妻子口渴时奉上杯子。

　　最开始运动的时候，准妈妈可能会不舒服，或者动作做不到位，准爸爸要及时扶住她的身体，鼓励她坚持到底。但是过程中不要强制，否则会引起准妈妈的反抗情绪，适得其反。

带上妈妈和宝宝，给他讲讲
外面的世界

居家的有氧运动可以缓解准妈妈的情绪，也可以强健母子体魄。同时，每天的户外运动也是不可缺的，带上准妈妈，边散步边给他们讲讲外面的世界，其乐融融的幸福感能够让准妈妈和胎儿的情绪更加稳定愉悦。

孩子马上就要来到这个世界了，准爸爸不妨向他介绍一下这个世界的情况。给孩子介绍目前和将来的生活，也有利于准妈妈更乐观地认识生活，促使自己积极地准备和面对将要到来的新的生活状态。

胎儿最初对子宫的环境有一个适应的过程，最初碰到子宫壁、脐带或胎盘等一些软组织时，会像小兔子一样跳开。随着胎儿渐渐适应了子宫环境，他们的胆子就大了，不仅不怕软组织，甚至还会一起玩起来。所以，我们会看到抓着脐带的胎儿，或者在子宫中翻来翻去的胎儿，这都是非常正常的。

同时，四个半月后的胎儿有了味道感，他们的味蕾特别喜欢甘甜的味道；六个多月，他们就可以睁闭眼了。当有光源进来的时候，胎儿会把头转向亮处，看到一片红红的光晕。此时，胎儿对外界是充满好奇心的。准爸爸可以把外面的世界轻轻讲给胎儿听，满足他小小的好奇心，为建立亲密的亲子关系打下良好的基础。

你一定会好奇，胎儿真的会听到爸爸的声音吗？其实，从第4个月开始，胎儿的听觉已渐渐形成，他们会"听"到特别丰富的声音。当然，这个"听"是通过准妈妈的血液、羊水等感受到的声波振动，这些感觉刺激着胎儿听觉器官的发育；大概6个月时，胎儿的大脑皮质结构已经形成，准爸爸的声音也可以促进胎儿智力的发育。

豆豆是一个很可爱的小男孩，大概3个月时就会叫爸爸、妈妈，并不是那种无意识地发音，而是有意识地叫；6个月，就可以接受很多指令，能听懂爸爸妈妈的话，对于一些"小心""注意""别动"等词心领神会。很多人感叹豆豆的聪明，但了解过豆豆妈妈的怀孕过程，也就明白这个天生机敏的孩子原来做胎儿时经历了这么多艰难。

豆豆属于意外怀孕，当时爸爸妈妈刚刚结婚一个月，并没有打算要孩子。而且，豆豆的妈妈因为水土不服一结婚就得了急性肠胃炎，怀孕的前几个月一直在生病，虽然吃了一些消炎药，但夫妻两人并没有打掉胎儿的想法。

豆豆的爸爸工作很忙，妈妈就一个人在家养胎。他们的楼下有一个KTV，由于隔音有问题，晚上会很吵闹。豆豆的妈妈觉也睡不好，怀孕初期心情总是很差。

豆豆的爸爸虽然工作很忙，但却从来没有缺席胎教。自从豆

豆的妈妈怀孕后，他们夫妻二人的对话就变得很温和，尽量采用完整且优美的句子。而且，豆豆的爸爸特别喜欢给豆豆介绍外面的世界。比如当风吹来时，他会对胎儿说："宝贝呀，跟妈妈散步是不是很美好？柔和的风轻轻地吹来，树叶拍着小手摇摇，灯光一闪一闪，妈妈很开心，宝宝开心吗？"豆豆的妈妈无论做什么事情也要告诉胎儿，如"妈妈现在下楼了，你要坐稳哦！""今天我们吃个冰激凌吧，那粉粉的颜色，妈妈要馋死了。"

　　为了让豆豆的妈妈情绪得到缓解，豆豆的爸爸特意请了一个月的假陪妻子。他们一起来到海边，豆豆的爸爸轻抚妻子的肚子，讲着大海的故事；豆豆的妈妈踩着细细的沙子直奔向大海，手拍打着浪花，告诉豆豆："宝贝，你看大海多么美呀，海滩软软的，海水凉凉的，海鸥飞来飞去……远处海天一色……"豆豆的爸爸补充说："这么美的大海，还有你美丽的妈妈和可爱的你，爸爸感觉好幸福呀！"

　　他们夫妻无论做什么、去哪里，都会把孩子作为一个家庭成员，已经习惯了三个人的世界，豆豆也好像习惯了这种生活方式。很神奇的是，豆豆的爸爸因为出差两天，当天晚上没有回家，豆豆在妈妈的肚子里就很不老实，不像以往那样听完睡前故事就安安静静地像小猫一样睡着，而是动来动去。等到妈妈洗澡睡觉了，豆豆仿佛知道爸爸没有回来，猛踢着妈妈的肚子。豆豆的妈妈只好又道歉又安抚，豆豆这才安静下来。

　　怀孕 5 个月的时候，夫妻两人去做超声检查。医生发现一个奇怪的事情，怪不得豆豆的妈妈总觉得身体负重较大，原来豆豆的两只小脚丫踩住了妈妈的髋骨，小脑袋顶着妈妈的肋骨。医生遗憾地告诉他们："胎儿的这个姿势是与生俱来的，哪怕后期跟着医生做胎位矫正运动，也没有办法彻底纠正。"

豆豆的爸爸决定放弃手中的一半客户，抽出大部分时间来陪妻子。6个多月时，胎儿压迫神经更加严重，豆豆的妈妈的右半身完全麻痹。这些还不算问题，更严重的是孕检发现胎儿生长停滞，意思是现在6个月的胎儿与5个月时没有明显长大。这应该是血液不流通、胎盘给养供应不良造成的。

医生建议再过一段时间进行剖腹产，否则对母体的影响会很大，甚至会出现危险。无奈之下，豆豆的妈妈在怀孕7个月时选择了剖腹产。虽然豆豆出生时个头儿很小，但精神状态很好，在保温箱的几个月，他努力地长大。当豆豆的妈妈接豆豆出保温箱时，小小的豆豆像是知道妈妈来接一样，兴奋极了。

豆豆现在已经上一年级了，他的学习成绩很优秀，语言表达能力也很强，而且最喜欢与爸爸一起聊天，和妈妈一起散步。每当有人夸奖豆豆时，妈妈总会笑着说："他呀，从住进我肚子的那一刻就是我家的一员，参与了我们的生活，我们仨像三角形，稳固且缺一不可。"

豆豆虽然早产，刚刚出生就经历了这么多磨难，但是他比很多孩子都要聪明，这都得益于爸爸妈妈的早期胎教。胎儿也是一个生命，要尽早地带他熟悉外面的世界，如路上的行人、公园里的小鸟、街上的小店等。这些是孩子将来要生活的地方，尽早带他们去熟悉吧！

准爸爸带着心爱的妻子和可爱的孩子转一转，告诉孩子外面的世界是什么样子。无论是生机勃勃的大自然，还是多姿多彩的小世界，你的描述都会在孩子的大脑中留下记忆，让他提前感受到世界的美好。

第三章

好好做爸爸，别让孩子再问"爸爸去哪儿了"

爸爸在孩子的生命中占有非常重要的地位，这不只是因为爸爸是家里的顶梁柱，是家庭经济基础的保证。许多爸爸因为事业而忽略家庭，忽略孩子，这是不对的。仅仅让孩子吃饱穿暖，不代表就尽到了父亲的职责。优越的生活条件，对于孩子来说，远远不及爸爸的陪伴。

为什么爸爸在家庭教育中总是
存在感很低

"男主外，女主内"这样的思想在中国延续了上千年，影响着无数的中国家庭。在很多人的成长过程中，提起孩童时期的家庭教育，首先想到的往往是自己的妈妈。在学校犯了错，找妈妈；开家长会，找妈妈；有问题，找妈妈……爸爸的存在感，似乎总是非常低。但事实上，一个完整的家庭，本就应该有爸爸也有妈妈，尤其在孩子的教育问题上，爸爸的缺席，难道真的无关紧要吗？

还记得一档亲子综艺节目中，有一个"密室一小时"的环节，是让参加节目的嘉宾父子在一个只有沙发的小房间里待一小时，看他们如何相处。结果，几乎每对父子之间都弥漫出尴尬的气氛。当时，一个嘉宾感慨万千地说道："相处了这一小时，我才发现，真的不知道怎么和孩子交流。"

某相声演员提到女儿时说过，他对女儿的学习成绩没有什么要求，只要她能快乐就好，因为自己小时候成绩也不怎么样，所以不会要求女儿一定要有多好的成绩，毕竟自己也是这么过来的。

他坦言，自己平时一直忙于工作，对于女儿的教育和陪伴非常少，就连想抱抱她都没有时间，言语之中尽是浓浓的歉疚之意。

不只是这些忙碌于荧幕上的明星，事实上，很多的中国家庭都是如此。在很多孩子的成长过程中，父亲这一角色似乎总是缺席的。不管是兴趣班的选择，还是学习情况的监督，甚至是闯祸后的善后工作，几乎都是由妈妈来负责。

为什么会出现这样的情况呢？总的来说，原因有三点。

原因一：受传统观念的影响。

受"男主外，女主内"这一传统思想的影响，人们普遍认为，男人的"战场"应该在家庭之外，而不是"囚困"于家庭之中。工作、挣钱、应酬、为家人提供所需要的经济基础，这些才是男人应该负责的事情。在外部世界的成功才是男人的价值体现，而男人也需要凭借外部世界的成功来确立自己在家庭中的核心地位。

正是因为这样的观念，所以很多爸爸在面临工作与家庭之间只能二选一时，往往会把自己的时间先分给工作，以此完成自己的"任务"，确立自己的价值。还有一些爸爸则是以此为借口，心安理得地逃离家庭教育中的那些琐碎事情，理所当然地把孩子丢给妻子。

原因二：妈妈在孩子的教育中过于强势。

从性格方面来说，男性与女性存在天然的差异。通常来说，女性往往比男性更加细致，也更有秩序。在人类社会历史的早期，拥有强健体魄的男性通常扮演猎人与捍卫者的角色，而在家庭内部，则由女性担任主导者。如果男性试图打破这种分工，对家庭内部的事情指手画脚，很容易受到来自妻子或公开或隐蔽的挑战。

现实生活中，这样的场景并不少见：妈妈一边忙着照顾孩子，一边气急败坏地指挥爸爸干活——给孩子冲奶粉，把尿不湿拿进来，奶嘴记得消毒……而爸爸们总是手忙脚乱、丢三落四，好像不管做什么事情都表现得笨手笨脚。在这样的情景下，家庭内部的指挥权握在谁的手中，一目了然。

不得不说，在涉及照顾孩子的问题上，妈妈性格上天然的细致与秩序性，总是能让粗枝大叶的爸爸自惭形秽。即使他们常常不理解为什么妻子总喜欢对一些无关紧要的小事过分在意，但时间长了，依旧还是无法抵抗住妻子的唠唠叨叨。于是，在大多数时候，爸爸们会出于自愿或敷衍地选择妥协，乖乖地按照妈妈所说的去做。

在这样的情况下，如果妈妈在孩子的教育问题上表现得过于强势，自然很容易压过爸爸，让他们在不知不觉中退到从属地位，在教育孩子时越来越没有存在感。

原因三：爸爸还"没有长大"。

爸爸在孩子教育中的缺席，还可能源于家庭关系中"爱"的争夺。我们知道，一个人的心智是否成熟，并不是由年龄决定的。有的人年纪虽然小，但心智已经非常成熟；有的人即使一把年纪了，心性也如不懂事的孩子一般。

当在家庭关系中，爸爸的心性不够成熟，并且习惯于依赖妈妈时，孩子的出现对于爸爸来说，就像与自己争夺爱和注意力的竞争者一般。在这样的情感驱动下，爸爸对自己的身份定位其实认识得不是很清楚，他很难将自己摆在长辈和管束者的位置上，也始终无法从心理上带入"父亲"这个角色。

你知道孩子真正想要的是什么吗

孩子真正想要的是什么？或者说，孩子期望从爸爸身上获得什么？这是很多爸爸在和孩子相处时没有认真思考过的问题。

对于孩子来说，他们最渴望从父母身上获得的是安全感，是无条件的爱以及尊重。尤其是"父亲"这个角色，对于孩子来说，爸爸就像家庭的守护者，所能带给他们的安全感往往比妈妈要更强烈。

当孩子处于安全的环境时，他们会勇敢地探索世界，尽情地释放自己的天性，这对他们的成长是非常有益的。孩子安全感的来源，正是父母对他们的爱。但令人失望的是，很多爸爸在表达对孩子的爱这件事上，都非常不擅长。

刘成一直认为，作为父亲，在孩子面前必须保持威严。因此，即使他非常疼爱儿子楠楠，也从来不会在楠楠面前表现出来。正因为这样，一直以来，楠楠对刘成都不是很亲近。

儿子对自己的疏离，刘成自然能感受得到，要说一点儿不难受，那肯定是不可能的。但男人嘛，总不能像女人那样腻腻歪歪，所以刘成没把这事放在心上。在他看来，自己只要担负起作为父亲的责任，总有一天，儿子肯定会明白，也会理解他的。

最近一段时间，刘成和妻子因为一些事情意见不合，发生了几次争吵。正巧妻子娘家那边有点事，妻子就干脆东西一收拾，回娘家了。感情再好的夫妻也有吵架的时候，对刘成来说，他和妻子的争吵根本不是什么大事，等过一阵大家气都消了，这茬也就揭过去了。

因为这事不管是刘成还是妻子都没有放在心上，自然不会和年仅8岁的儿子解释什么。可让刘成没有想到的是，妻子离开后的第二天，儿子居然离家出走了！这可吓坏了刘成，幸好在邻居的帮忙下，刘成得知儿子在离家出走的当天，他的同桌来找过他，这才顺藤摸瓜地找到了缩在公园小假山里头准备过夜的儿子。

让刘成感到心酸不已的是，事后通过和儿子的交谈，刘成才知道，原来儿子之所以选择离家出走，是以为爸爸妈妈感情不好要分开，自己被妈妈"抛弃"，爸爸又"讨厌"自己，所以觉得自己还是离开比较好。

听到儿子的心里话，刘成有些难过，忍不住问道："你为什么会觉得爸爸讨厌你？"

儿子两眼通红，带着哭腔委屈地说："你每次见到我都不高兴，每次都在批评我这里做得不好，那里做得不对，从来没有说过爱我，也不会像小胖的爸爸一样，让我骑在你脖子上看马戏……"

听着儿子委屈地诉说自己的"罪状"，刘成心中百味杂陈。他以为，即使从不说出口，儿子也能感受到自己对他的爱；他以为，只有把架子端起来，维持自己的"权威性"，才能获得孩

子的尊敬。可他却没想到，自己的种种表现，让孩子对他的爱产生怀疑，失去了安全感。

像刘成这样的爸爸有很多，他们在脑海中为自己构建出一个"父亲"应有的形象，并让自己努力去扮演这样的形象，但却忽略了孩子心中真正想要的父亲究竟是什么样子。他们为孩子付出沉默的爱，却从来不曾想过，在这份沉默面前，孩子究竟能不能接收和理解这份爱。

其实，爸爸应该在孩子很小的时候就告诉他们"我爱你"，而且经常表达出来这份爱。这对孩子来说，是构建安全感非常重要的一步。你必须让孩子明白，你对他的爱从来不会改变，不会因为他犯错而改变，不会因为他笨拙而改变，也不会因为他不够优秀而改变。

当爸爸从来不是一件容易的事，它就像一份职业，需要我们去思考和规划，需要我们为之付出努力与智慧，也需要我们适当地将自己的付出展示出来，而不是只埋头工作、沉默做事。

除了爱与安全感外，对孩子来说，尊重同样是他们迫切渴望能够从爸爸身上获得的东西。有很多家长总觉得孩子小，什么都不懂，所以不管家里发生什么事，都没有想过去告知孩子，或询问孩子的意见，这在爸爸们身上体现得尤为突出。然而，孩子作为家庭的一员，对于家中发生的事情，是有知情权的。不管他们懂不懂，能不能提出有用的意见，至少父母应该让他们知情，这是一种尊重的体现。

爸爸再不教孩子，他就"严重缺钙"地长大了

在中国，"丧偶式教育"的家庭并不少见，爸爸在外赚钱养家，妈妈在家带孩子。

一位儿童教育学家讲过这样一件事情：

一天晚上，他乘坐出租车时和司机闲聊。司机问他："师傅，您做什么工作的？"

他答说："做儿童教育方面的工作。"

司机笑道："你这一大老爷们，还搞儿童教育啊？"

儿童教育学家觉得很奇怪，就问司机："你有孩子吗？"

司机说："有个女儿。"

儿童教育学家又问："那你不教育你的女儿吗？"

司机却笑着回答："教育不教育的，那是她妈管的事儿，我就管挣钱就行了！"

一位年轻的女老师也说过一件让她印象深刻的事：

那是她参加工作的第一年，学校在父亲节的时候策划了一些

与学生家长联谊的活动，由每个班级自己设定主题。女老师的班级提出的活动主题是"爸爸沙龙"，因为平时开家长会，几乎都是妈妈们来参加，所以女老师想趁着这次"父亲节"，和孩子的爸爸们也交流一下孩子的教育问题。

没想到的是，那天到学校参加"爸爸沙龙"的，70%依旧是妈妈。更令人惊讶的是，还有两位学生的爸爸一直到活动都快结束了才出现。而他们之所以迟到那么久，是因为他们走错了教室，在其他班级参加了半天活动，才被发现不是那个班级的学生家长。

类似这样发生在爸爸们身上的"乌龙"事件并非特例，著名影星成龙在自传中就提到过这样一件事情：

一次，因为妻子有事，就让成龙去学校接儿子回家。结果，成龙去学校，等人都快走光了，也没见到儿子出来。后来他才知道，原来儿子已经上中学了，而他去的是儿子上的小学。

很多人听到这个故事，大概会笑着调侃几句，也或许不会过于放在心上，因为这样的状况在现实生活中并不少见。你去问一个爸爸：你的孩子上几年级？他在几班上学？他现在身高多少？大概70%的人答不出来，因为他们已经习惯把这些事情丢给妈妈。更重要的是，即使他们内心对孩子充满亏欠，却依旧没有真正认识到这个问题的严重性。

对于孩子的教育来说，爸爸的缺席所带来的负面影响，不仅仅只是情感层面的问题，更重要的是孩子未来的性格塑造和心理健康。

在孩子的教育问题上，爸爸和妈妈是不可互相替代的。来自妈妈的母性教育是一种"根"的教育，能够让生命得到滋润与丰满，是一种更偏向于感性方面的影响；来自爸爸的父性教育则是一种

"主干"的教育，能够帮助孩子建立人生的主心骨，是一种更偏向于理性方面的影响。

著名心理学家弗洛姆说过："父亲代表人类生存的另一个极端：代表思想的世界，人所创造的法律、规则和纪律。父亲是教育孩子、向孩子指出通往世界之路的人。"

也就是说，在孩子尚且年幼时，妈妈的教育对孩子情感认知的塑造是非常重要的，而在孩子年纪稍大、思维能力发展较为成熟之后，爸爸的教育将会对孩子产生更重大也更深远的影响，甚至在某种程度上决定孩子未来将会成为怎样的人。

这其实不难理解，男性与女性在身体、性格和思维方式上本就存在天然的差异性，这也决定"父教"与"母教"之间的不同。从心理学方面来说，男性比女性更具冒险精神、探索精神以及求知精神，而这些特质将会淋漓尽致地反映到对孩子的教育方式上。

爸爸的教育，对孩子来说，如同身体里的"钙质"，是一种根植于性格的"坚毅"。对于男孩子来说，缺乏爸爸的教育和引导，很可能导致他们无法清晰地认识到自己的性别特征，在性别认知方面产生问题。因为很多孩子在5岁之前，对性别的认知是模糊的，在他们的认知里，他们可以成为"爸爸"，也可以成为"妈妈"。

对于女孩子的成长来说，爸爸是她们安全感和力量感的重要来源。如果不能从爸爸身上获得足够的安全感和力量感，那么在未来的人际关系中，她们就可能因本能地渴求"父爱"而导致一些心理问题，不能正确、理性地处理某些特定的社交关系。

所以，请记住，作为爸爸的你，对孩子的人生是有着深远影响的，再不赶紧在孩子的教育里刷刷存在感，他们就只能"严重缺钙"地长大了！

不要大咧咧地以为，教孩子永远都来得及

　　曾在网络上看到一篇小学生的作文，题目是《我的爸爸》。作文中，小学生介绍了自己的爸爸，他是一名程序员，一名十分忙碌的程序员，忙碌到没有时间陪伴自己，没有时间参与自己的成长。在作文的最后，这名小学生写下这样一句话："爸爸，再不陪我玩，我就长大了！"

　　——虽然和孩子说好会带他去游乐园，但这是一个千载难逢的机会，只要搞定这个客户，升职就有希望了。反正时间还多，不如下次再陪孩子去游乐园吧！

　　——这条视频真的很有意思，虽然决定要陪孩子玩拼图，但只是看几条视频而已，不会花太多时间，看完再陪孩子玩吧！

　　——说好周末陪孩子玩，但是上了那么多天班，实在太累了，反正周末那么多，下次再陪孩子也是一样，现在就先让我好好睡一觉吧……

　　这大概是很多爸爸有过的心路历程，想过要陪伴孩子，把时

间都投到孩子身上，但每次又总会被其他事情占据心神，吸引注意力，于是就不断安慰自己：没关系，还有下一次；没关系，可以等明天，没关系……但真的没关系吗？

从前江城一直觉得，好男儿志在四方，作为一家的顶梁柱，他的"战场"从来都是在外面，只有在外面打拼得好，站稳脚跟了，才能更好地庇护自己的家庭，照顾妻儿。他也确实一直是这么做的，但后来发生的一件事改变了他的想法。

那天，江城刚出差回来就接到一个电话，是儿子的班主任打来的，说儿子在学校和同学打架，要叫家长去谈话。以往这些事情都是妻子处理，但那段时间，妻子因为工作调动，被派去国外学习，孩子学校的联络电话也就暂时改成江城的。

接到电话以后，江城非常生气，行李才放下就冲去了儿子学校，结果一圈找下来，愣是没找到儿子。没办法，江城只得又打电话和老师联系，这才发现，原来儿子已经上初一了，而他去的还是儿子之前上的小学。

好不容易找对地方，在老师办公室看到浑身脏兮兮、脸上还一块青一块紫的儿子，顿时就感觉气不打一处来，还不等老师开口，江城就对着儿子劈头盖脸一通骂，最后还气呼呼地说了一句："平时你妈就是这么管你的，看看都把你管成什么样了！"

这话一出，儿子登时就"炸"了，冷笑一声说道："你也知道平时都是妈妈管我，那你现在来这喊什么？以前没有管过我，以后也不用你管！"

说完这话，儿子直接摔门走了。江城想追出去，但又得替儿子"善后"，只得暂时不去管他，转过身对着老师连连道歉。

令江城感到意外的是，老师似乎没有生儿子的气，反而是把他给训了一通。老师告诉江城，儿子这次打架，是因为他们班上的一个同学被几个小混混堵在巷子里勒索，儿子为了帮助同学才和他们打起来的。虽然儿子是为了保护同学，但打架始终不对，而且也很危险，所以学校才找了家长过来。

最后，老师意味深长地对江城说道："听说您一开始是找错地方，去了附小那边？是不是觉得很神奇，总觉得孩子年纪还小，但一转眼，他就已经长大了。不知不觉间，你就错过了他的成长时光……"

老师的话深深触动了江城。想起那个曾经喜欢跟在自己身后叫"爸爸"的小尾巴，再回想刚才儿子离开前冰冷失望的眼神和对自己的质问，江城突然感到一阵陌生和失落。总以为有很多时间，可突然转头却发现，不知在什么时候，儿子早已长成让自己陌生的模样。

看过一个绘本故事：

故事的开头是一个孩子站在花园里，他的面前站着一只怪兽。

孩子惊慌失措地跑到家里，对妈妈说："妈妈，妈妈，花园里有一只怪兽，它要吃掉我！"

妈妈正在厨房做饭，听到孩子的话，敷衍地说道："等一会儿，妈妈现在很忙。"

孩子又跑到客厅，对坐在沙发上的爸爸说："爸爸，爸爸，花园里有一只怪兽，它要吃掉我！"

爸爸正在低头看着手机，听到孩子的话，敷衍地回答："等一会儿，爸爸现在没空。"

孩子只好独自回到花园，看着怪兽说道："你好，怪兽，你要吃掉我了吗？"

怪兽没有说话，张开嘴，一口把孩子吞了下去。

故事的最后，怪兽穿着孩子的衣服和鞋子走进了家，爸爸和妈妈依旧忙碌各自的事情，而怪兽就这样穿着孩子的衣服，走进孩子的房间，把房间弄得一片狼藉。

孩子的成长是不能等待的，你以为时间有很多，但孩子不会等到你有时间的时候再长大。在孩子成长的道路上，有着许许多多的"怪兽"，在你不曾留心的时候，这些"怪兽"正在吞噬你的孩子。当他们被怪兽吞入腹中，你再想教导他们，帮助他们赶走"怪兽"，就来不及了。

著名画家刘墉说过："许多爸爸在孩子的图画里，没有手。"因为爸爸们总是很忙，在孩子的成长过程中，他们如同影子一般，抓不住也看不清楚。

父教的缺失对孩子的成长来说，显然不是一个健康的讯号。美国新泽西州罗杰斯大学做过一项调查研究，结果显示：美国60%的强奸犯来自没有父亲的家庭；72%的未成年杀人犯在成长过程中父亲这个角色是缺席的；70%的长期服刑犯的探视人中没有父亲的存在。

当然，即使是单亲家庭的孩子，也有健康成长的；即使是父母双全的家庭，也不排除出现犯罪者。但不可否认的是，各项统计数据都在告诉我们，父教的缺席对孩子的成长的确存在不可消除的负面影响。所以，别总觉得时间很多，别总以为偶尔的缺席无关紧要，孩子不会一直在原地等待。他们每天都在成长，每天都在面对生活中各种"怪兽"的侵袭，别等到时间已经来不及，才后悔不曾好好教导孩子，做好他人生的引路人。

工作和孩子，不是二选一的选择题

工作和孩子之间，究竟应该选择什么？选择了工作，势必要缩减陪伴孩子的时光；如果选择了孩子，现实的生存问题又该如何解决？——这大概是让很多爸爸无法抉择的问题。但事实上，工作和孩子，从来不应该是二选一的选择题。

有的爸爸可能会说，每个人一天的时间都是有限的，花费在工作上的时间多，陪伴孩子的时间自然就会少，这是不可调和的矛盾，怎么可能孩子与工作兼得呢？确实，我们没有分身术，不可能用一份时间去做两件事。但陪伴孩子，看的不仅仅只是时间的长短，如果无法将大部分的时间用来陪伴孩子，不妨试着提高陪伴的质量，让每一分钟的陪伴都成为孩子记忆中的美好。

陈楠和妻子家境都不错，他也不是那种特别有野心的性格，所以在儿子出生后，他就主动向公司申请，换了一个工作时间稳定、压力也不大的部门，好匀出更多的时间照顾家庭。

陈楠的邻居付伟是他的老同学。付伟和陈楠不同，家庭条件一般，想要什么都得靠自己拼搏，也因为这样，付伟在公司里有个"拼命三郎"的称号。在女儿出生以后，为了给女儿提供更好的物质基础，付伟甚至比从前还要拼，恨不得天天在各个城市飞来飞去，鲜少有时间陪伴在妻女身边。

令人惊讶的是，一直以来，付伟和女儿的关系都非常好，反而经常在家的陈楠和儿子之间显得更生疏一些。这究竟是怎么回事呢？答案其实很简单，只要看看陈楠和付伟是怎样"陪伴"孩子的就知道了。

先说陈楠，因为工作比较稳定，基本上是朝九晚五，所以有很多时间待在家里。儿子还小的时候，主要是妻子在照顾，男人总是笨手笨脚的。别说陈楠自己不敢随便上手，妻子也不放心让他上手。所以那时候，陈楠在家就是听妻子的吩咐，给妻子"打下手"。

儿子上幼儿园之后，开始变得调皮捣蛋。陈楠的主要任务就是在妻子忙的时候看着儿子，别让他磕碰了，或者把家里弄得一团糟。这对陈楠来说，倒也不是什么难事，反正家里玩具一大堆，丢几个玩具给儿子，自己就能躺在沙发上刷刷微博、打打游戏。

等到儿子上小学以后，就再也不必担心他因为年纪小、不懂事磕着或者碰着了。而且，儿子有很多小伙伴，恨不得天天和小伙伴一块儿往外跑，陈楠就负责给零花钱，嘱咐两句在外面"别惹事"。

就父子关系而言，陈楠和儿子其实也没什么矛盾，但彼此之间就是缺了几分亲密感，平时几乎很少有单独坐下来谈谈心、说说话的时候，就好像两个最熟悉的陌生人。

付伟则不同，因为工作比较忙碌，待在家里的时间非常有限，但也因为这样，他非常珍惜和家人相处的每一分、每一秒。

女儿年纪还小的时候，只要付伟在家，换尿布、冲奶粉的活儿，必然是由他包办。因为付伟一直觉得，自己留给妻女的时间太少了，所以希望至少在能留给她们的时间里，尽可能多地做一些事情。

陪伴女儿的时候，付伟从来不会再分心去做别的事情，哪怕是女儿沉迷于玩芭比娃娃的时候，他也能在女儿身边坐上一天。哪怕是在外地出差，付伟也一定坚持每天打电话，对女儿道一声"早安"和"晚安"，如果时间允许，还会通过电话给女儿讲睡前故事。

在女儿上小学之后，一次，付伟因为工作要出差近一个月，临行之前，他特意写好几封信留给妻子，并嘱咐她每隔几天给女儿读一封信。这一个月，虽然付伟没有陪在女儿身边，但女儿依旧感受到来自爸爸的关心与爱护。

如果只是从时间的长短来说，陈楠当然是胜过付伟的，他每天都能和儿子相处，有机会陪伴在儿子身边。但陪伴不是只要"陪着"就可以的，陈楠对儿子的陪伴，很多时候其实是无效陪伴。当他跷着二郎腿躺在沙发上玩手机，只丢给儿子几个玩具去糊弄他的时候，对儿子来说，爸爸依旧只是一个符号、一个没有存在感的角色。

付伟则不同，虽然他能切切实实陪伴在女儿身边的时间不多，但因为他的珍惜和用心，每一分每一秒都是高质量的陪伴。无论是亲力亲为的照顾，还是远程沟通，以及未雨绸缪留下的信件，每一次用心的安排，都会成为女儿记忆中最美好的亲子时光。在这样的对比之下，付伟和女儿的关系自然比陈楠和儿子的关系亲密得多。

在孩子的成长中，爸爸的陪伴是必不可少的。所谓陪伴，不仅仅只是你出现在孩子周围，坐在孩子身边，就可以称之为"陪伴"。真正的陪伴，是要和孩子专心相处、用心互动，参与进孩子的游戏，渗透进孩子的内心，这才算是有效的陪伴时间。

对于上班族的爸爸们来说，因为工作而无法给予孩子长时间的陪伴，这样的状况是可以理解的。但工作与孩子从来不是一个只能二选一的选择题，就像付伟，虽然没有太多时间陪伴女儿慢慢长大，但他却用心地将能陪在女儿身边的每一分钟都变成了有效陪伴。即使自己不在女儿身边，也想尽办法地让女儿感受到爸爸的关爱与重视，这对女儿的成长可以说大有裨益。

所以，繁忙的爸爸们，别再纠结于工作与孩子之间的选择了，我们真正应该做的是用心将陪伴在孩子身边的时间，都变成最用心的互动、最有效的陪伴，要学会告诉孩子你究竟有多么爱他，要让他明白无论爸爸是否陪在他身边，爸爸的爱从来不会缺席。

第四章

爸不气，妈不急，和谐家庭是孩子幸福人生的根基

都说家和万事兴，一个家庭只有和谐、和睦，才是幸福的。如果父母在育儿的过程中总是操之过急、用力过猛，让整个家庭都笼罩在紧张的气氛里，即便孩子在外人眼里取得了再高的成就，也不能说他拥有一个幸福的童年。童年的记忆，是人一生中最宝贵的财富，是心理健康的基础。为了孩子，请保持家庭中的和谐氛围。

打住，别吵了！孩子正看着你们呢

每个人都是独立的个体，有自己想法，有自己的爱好，有自己的生活习惯，有自己为人处世的方式等。所以对夫妻而言，婚姻生活中必不可少的一部分就是吵架，即便关系再好的夫妻，一生中也会多次萌生离婚的念头。

一对夫妻吵架的原因很多，比如是为了宣泄各自的压力、为了家庭琐事、为了孩子的教育等。吵架是一对夫妻磨合的方式，如果磨合得好，夫妻间的亲密关系会更进一步。但是当着孩子的面去争吵，给孩子带来的只会是灾难，因为父母吵架时最容易受到影响的是孩子。

小石头今年6岁，是个活泼开朗的小男孩。但是最近一段时间，他表现得异常沉默。从前，他从不跟任何人说起父母，但是这段时间，他总是跟同学和老师强调"我的爸爸真的很爱我的妈妈"。他反常的原因，是父母在这段时间经常争吵，并且是当着他的面争吵。

小石头的爸爸是一位商人，妈妈是全职主妇。不久前，因为

经营不善，资金出了问题。小石头的妈妈没有责怪小石头的爸爸，反而是鼓励他努力面对。小石头的妈妈见没有了家庭收入，就去找了一份工作。这是小石头的爸爸妈妈第一次吵架的导火索。

那天，小石头的爸爸回到家后，怒气冲冲地质问小石头的妈妈是不是出去找了一份工作，并让她立马辞职。小石头的爸爸是个大男子主义者，他认为小石头的妈妈出去工作是在向外人诉说着他很无能。对此，小石头的妈妈不同意。两人因为观点不同，当着小石头的面吵了起来。这是小石头第一次看到父母争吵，父亲狰狞的嘴脸，母亲哭泣的脸庞，都深深地烙在他幼小的心灵上。

后来，小石头的爸爸因为工作压力太大，就用喝酒的方式来宣泄，每每回到家，都醉得一塌糊涂。小石头的妈妈会抱怨小石头的爸爸，两人又不可避免地当着小石头的面争吵起来。有时候两人吵得狠了，"离婚""孩子归谁"这样的话就脱口而出了。

小石头虽然年龄小，但是也懂得什么是离婚。他以为爸爸妈妈的感情出现了问题，才在学校变得沉默起来，不停地向别人说他的父母感情很好，这其实是在掩饰内心的惶恐与不安。

作为父母的你不妨回忆一下自己小的时候，当看到父母吵架时，是不是身心都受到他们的影响呢？你是不是也会像小石头一样感到焦虑，感到不安？然而，父母在孩子面前争吵，给孩子带来的不仅仅是情绪上的变化。

那么，父母当着孩子的面争吵，会给孩子带来哪些负面影响呢？

首先，会让孩子模仿父母的坏脾气。父母是孩子的老师，是他们学习和模仿的对象。父母为了分歧而争吵，会让孩子误以为争吵是解决问题的方式。在孩子成长的过程中，他不可避免会与人产生分歧。如果他模仿父母用吵架的方式解决问题，无疑会令他的生活一团糟，尤其是在人际交往上，他可能成为一名独行侠。

其次，会令孩子缺乏安全感。在孩子心中，父母相爱会让他感受到家的温暖与安全，而在和谐家庭中成长的孩子总是开心自信的。一旦父母吵架，孩子会觉得父母的关系出现裂痕，他心中的那个家即将崩塌，特别是想到父母可能会离婚，他在伤感的同时也会彷徨、迷茫。长此以往，孩子会变得内向、自闭，这是缺乏安全感的典型表现。

再次，会分散孩子的注意力。夫妻间出现争吵，就会像一个疙瘩横在心中，干什么事都集中不了注意。孩子受到的影响并不比父母差，再加上他们年龄小，不能很好地控制自己的思想，更容易分散注意力，这就意味着孩子不能专心上课、学习，不能专心去做一件事。

最后，会影响孩子的择偶。父母在孩子面前争吵，会给孩子留下心理阴影，让他恐惧婚姻生活。当孩子长大后，就会逃避恋爱、结婚，因为他害怕未来也会和伴侣陷入无止境的争吵当中。

父母吵架对孩子的伤害远远不止这些。父母遇到争执、心里不痛快的时候，有时候会忍不住争吵，但是请不要在孩子的面前吵架。你的一时痛快，带给孩子的是一生的伤害。所以，我们选择处理方式的时候，要顾虑到孩子，绝不能在孩子面前争吵。

不管在什么时候，父母都要在孩子面前表现出相互尊重、彼此关爱，只有在关系和谐的家庭中成长的孩子才会阳光、自信。

那些在暴戾家庭中长大的孩子，
后来都怎么样了

电影《记忆大师》是一部烧脑的悬疑片，追查谁是命案的真凶。查明凶手后，你会发现他的成长很灰暗，从小生活在暴戾家庭中。所以，这部影片也在诉说在暴戾家庭中成长的孩子有多么悲哀。

影片的开头，一个年幼的小女孩亲眼看到妈妈被人殴打。当邻居听到声响，敲门询问怎么了，小女孩打开门后面无表情地对邻居说："没事。"回到屋内，看到闭眼倒在地上没了呼吸的妈妈，她没有害怕，反而露出解脱的表情。她等打死妈妈的人走了，才拨通了报警电话。

小女孩会如此平静、冷漠，并且包庇凶手，是因为她自小生活在暴戾的环境中，看惯了妈妈被爸爸殴打。她认为只有妈妈死了，才不会再遭受父亲的毒打。

凶手也从小生活在暴戾的环境中。每当他的父亲殴打母亲时，他会很心疼母亲，并劝说母亲离开暴戾的父亲。但是母亲每次都拒绝他，并说他年龄小、不懂事。母亲为了不让他害怕，会在伤口上画一条条小鱼，告诉他并不疼。事实上，家暴早就让他的心理出现了问题。他时常希望父亲能够死去，但年幼的他杀不死父亲，只能帮助母亲解脱。他将母亲常服的维生素片换成安眠药，在妈妈睡着后，将她溺死在浴缸中。

长大之后，凶手看到被家暴的女性会克制不住内心的暴戾。他会杀死被家暴的女人，是为了帮助她们解脱。

这部影片很沉重、灰暗，会令观众为从小生活在暴戾家庭中的孩子感到压抑，也告诉我们暴戾的家庭环境对孩子的成长是多么不利。

现实生活中，作为父母的你有在孩子面前展示暴戾的一面吗？有些父母在社会中遭受不公时，或是承受的压力太大时，回到家后会掀桌子摔碗，将家当作负面情绪的宣泄地；夫妻之间产生矛盾时，会恶语相向，甚至大到大打出手；在孩子犯了错误时，父母从不说道理，只会动手教训孩子一顿，等等。这些都是暴戾家庭环境的表现。

通常来说，在暴戾家庭中成长的孩子会有严重的自卑心理。如果是父母大打出手，会让孩子觉得父母不够恩爱，尤其是看到其他孩子和谐的家庭时，这股自卑感立马显现；如果是父母对孩子动手，会让孩子的自尊心受到伤害。当孩子的自尊心一点点被击溃后，就会变得自卑、懦弱。

都说孩子是一面镜子，他的行为是父母行为的折射。简言之，在暴戾家庭中成长的孩子，也会有暴戾的一面。孩子学习父母用暴力的手段解决问题的方式，当他遇到问题时，也会习惯性地用暴力去解决。

当孩子长时间在暴戾环境中成长，可能还会患上抑郁症，出现自残的情况。所以，关注孩子的成长环境是非常有必要的。父母要时刻提醒自己，不给孩子创造暴戾的家庭环境。

人会有暴戾的一面，是因为受到情绪的影响。为此，父母要学会控制情绪，保持冷静。比如遇到令人愤怒的事情时，要进行自我心理暗示，不要在孩子面前发怒；也可以转移注意力，避开暴戾情绪的影响。

此外，暴戾的情绪也受性格的诱导。父母性格暴躁，就会不自觉地发怒，严重时会大打出手。那么，在平时的时候，不妨培养一些兴趣爱好，如下棋、书法、画画等，通过修身养性，暴躁的脾气也能得到控制。

孩子的一生还很漫长，作为父母的我们，不能让暴戾毁了孩子的一生。所以，请努力塑造出和谐的家庭关系，让孩子健康快乐地成长。

爸爸脾气坏，孩子的性格往往会被带坏

孩子性格的形成受到先天因素和后天因素的影响，其中后天因素是主要原因。也就是说，孩子的性格与他所处的环境、接触的人息息相关。父母作为孩子最亲密、相处时间最长的人，能够直接影响孩子性格的形成。相较于妈妈，爸爸对孩子性格形成的影响更为关键。因此，爸爸有坏脾气，孩子的性格往往也不太好。

那么，爸爸的哪些坏脾气会对孩子的性格造成影响呢？比如，爸爸脾气暴躁，孩子的性格中就会有暴躁的一面。

在孩子的眼中，父亲的形象是高大的，是值得他学习的目标。父亲脾气暴躁，孩子也会跟着暴躁，因为他认为暴躁是解决问题的方式。当然，爸爸的暴脾气也会令孩子的性格变得胆小、懦弱，因为他们害怕发脾气的爸爸，担心爸爸对他使用暴力。当孩子长期被恐惧所笼罩，又怎么会大胆、活泼开朗呢？

又如爸爸脾气冲动，缺乏耐心，孩子的性格也会急躁；爸爸脾气霸道，孩子也会没有主见，等等。由此可见，孩子的性格是

爸爸脾气的影射。一旦孩子形成坏性格，对他的成长是百害而无一利的。

赵楠有个可爱漂亮的女儿，名叫笑笑。他是个好爸爸，但却不是个好邻居，因为他隔三差五就和邻居起争执，也从不顾忌孩子是否在场。

有一次，赵楠和楼下的邻居发生矛盾。起因是晚上9点多的时候，笑笑想要打篮球。赵楠对女儿的话是言听计从的，但他又不想大晚上带着孩子出去打球，所以就让孩子在客厅玩了起来。

笑笑玩得很起劲，住在楼下的一对老夫妻却遭了殃。篮球撞击地板发出的"砰砰"声，吵得夫妻俩难以入睡。不得已，他们上楼敲响了赵楠家的门。面对老夫妻俩让他家安静的请求时，赵楠冷冷地说："我在我家打篮球，碍你们什么事儿？"说完，还让笑笑继续拍。赵楠的言行激怒了夫妻俩，免不了一番争吵。

还有一次，赵楠给笑笑买了一辆自行车。因为自行车的轮胎很脏，他就将车子放在了门口的过道上。隔壁的邻居觉得进出门不太方便，尤其是过道的灯坏掉了，会不安全，所以就让赵楠将车放回家。但赵楠非常固执，他说："门口这么大，你们小心点走不就行了！"邻居好说歹说，他就是不为所动。每当笑笑骑完自行车回来，他会特别叮嘱她就放在门口。

赵楠的表现无疑是自私自利的。而在他的影响下，笑笑的性格也变得自私起来的。比如每次值日的时候，笑笑都会抢最轻松的事做。当其他同学对她的行为表示不满时，她却表现得满不在乎。又如和同学春游时，小朋友们都会和她分享零食，但她从来不会将自己的零食拿出来和同学分享。

当然，笑笑的自私不只表现在学校，在家也表露得淋漓尽致。

比如家里有什么好吃的，她会一个劲地吃，从不会分享给爸爸妈妈；赵楠和妻子的同事、朋友带着孩子来家里做客时，笑笑会将自己的玩具看得牢牢的，就算是她不玩的玩具，也不准其他小朋友玩。

孩子就像一张白纸，父母在上面画什么，他就会变成什么样。一旦孩子形成坏的性格，将很难改变，因为性格的形成经历了漫长的时间，想要改变一种性格，也要花漫长的时间。所以，爸爸要在孩子面前控制住坏脾气。

在与孩子相处时，爸爸还要注意自己的言行。因为一个人的脾气既可以通过语言表现出来，也可以通过行为表现出来。比如脾气暴躁的人，会满口脏话，行为上很冲动。所以，爸爸在说话、做事前，要先思索一番，将不好的言行扼杀在摇篮中。

每个人都有坏脾气，就算"好好先生"，也可能会有发脾气的时候。不过，我们可以用其他方式来宣泄情绪。比如，爸爸的情绪不好时，可以打一打篮球，骑一骑自行车，或者是跑跑步。大汗淋漓的运动之后，就不会想发脾气了。

有时候坏脾气说来就来，在无法控制的情况下，可以将孩子抱走，不要当着孩子的面表露出自己的坏脾气。

父母脾气温和，孩子才会有好性格。所以，不管是爸爸还是妈妈，都要尽己所能地控制坏脾气，不要让它像病毒一般感染到孩子。

爸爸故作深沉，孩子在承受冷暴力

每年的 4 月 30 日是一个特殊的日子，即"国际不打小孩日"。这个节日存在的目的是倡导不体罚孩子。这个节日之所以会存在，是因为全球有太多的孩子生活在家庭暴力中。

有研究数据表明，全球 30% 以上的孩子在生活中遭受过家庭暴力，也就是说，每三个家庭就有一个孩子在承受暴力。可能很多父母觉得夸张，觉得自己从来不打骂孩子，而身边认识的父母也没有打骂孩子的。事实上，暴力不单单指言语或行为上可见的暴力，也指没有声音的冷暴力。

很多父母对于暴力的认知是基于言语或行为，如对孩子恶语相向，动手打孩子，我们根据这些判定孩子是否在承受暴力。而冷暴力非常狡猾，它懂得隐藏自己，在父母无法察觉的情况下伤害着孩子幼小的心灵。

一个家庭中，爸爸对孩子实施冷暴力的频率往往要比妈妈高。这是因为，爸爸一般不会过多地说教孩子，会给孩子时间和空间让他们自我反思。然而，正是这种自以为是，让孩子饱受冷暴力的伤害。特别是年龄越小的孩子，越不能理解爸爸的做法。

爸爸对孩子实施冷暴力的方式主要是在教育孩子的时候故作深沉。对爸爸来说，故作深沉是他们展现父亲这一角色威严的方式。在孩子犯错的时候，这类爸爸会严肃地看着孩子，并不会说教。然而正是这种无声的教育方式让孩子感到异常紧张和忐忑，心理上承受着巨大的压力。

当孩子喊爸爸的时候，爸爸装作没有听见，这也是在对孩子实施冷暴力。当孩子犯了错误，他会不自觉地喊爸爸，因为爸爸的回应能够让他感到安心。但很多爸爸拒绝回应，想用自己的沉默来晾一晾孩子，让他们自己意识到错误；当孩子想要爸爸陪伴时，也会喊爸爸，但是很多爸爸嫌孩子太烦，装作没听见。爸爸的这种做法就是冷暴力。

俏俏今年9岁，是个漂亮的小女孩。正如她的名字一样，她非常喜欢打扮自己，而俏俏的妈妈也热衷于打扮她。但俏俏的爸爸总认为女孩不应该执着于打扮自己，应该将时间放在读书上。

一次，妈妈给俏俏买了一条新裙子。俏俏穿上新裙子后迫不及待地在小区逛了一圈，大家都夸她好看。俏俏很想得到爸爸的夸奖，等爸爸下班回家时，她立马跑到爸爸身边，急切地说："爸爸，爸爸，你看我今天好看吗？"说完，她扯着裙摆在爸爸的面前转了一圈。

俏俏的爸爸不想让俏俏将心思放在打扮上，所以只是淡淡看了眼俏俏，什么话也没有说，之后坐在沙发上看自己的书。俏俏见爸爸没有说话，她鼓起勇气走到爸爸的身边，又重新问了一下。这一次得到的依然是爸爸的沉默。爸爸的不理会让俏俏难过极了，难过到对新裙子都失去了兴趣。

还有一次，俏俏趁妈妈不在家，玩起了妈妈的化妆品。她给自己画了一条很粗的眉毛，扑了两团红彤彤的腮红，嘴巴涂上了大红色的口红，犹如一张血盆大口。俏俏看到自己化的妆，不禁开怀大笑。就在这时，爸爸走了进来。他皱着眉头，一脸严肃地看着俏俏，让她跟他去书房。俏俏看到爸爸生气了，以为自己会被挨骂，却不想爸爸将她晾在了书房里，不管她怎么喊"爸爸"，爸爸就是不理会她。她觉得爸爸的不理睬比骂她或打她一顿都难受。

俏俏的爸爸故作深沉，以为自己是在教训孩子，殊不知他正在对孩子实施冷暴力。当俏俏承受的冷暴力超过她的负荷后，她变得不再热衷于打扮自己，与此同时性格也产生了翻天覆地的变化，变得内向、孤僻。

作为父母，我们需要明白冷暴力给孩子带来的伤害，会令孩子缺乏安全感。为了获得安全感，他们会将自己蜷缩在龟壳中，性格变得内向、孤僻，为人处世时会极度胆小、懦弱。

冷暴力就像一柄锋利的剑，它能够刺穿孩子的自尊心。因为受到冷暴力困扰的孩子时常会质疑父母是否爱自己，长此以往，就会缺乏自信。自信的缺乏又会令孩子对自己产生怀疑，觉得自己很差劲，不值得被爱。这无疑严重影响孩子身心健康。

最重要的一点，冷暴力会让孩子做出极端的行为。从本质上说，冷暴力就是刻意地忽视孩子，而孩子为了吸引父母的注意力，会做出极端的行为，如惹是生非、自残等。这些绝不是我们愿意见到的。

因此，不要用你的故作深沉教育孩子，那只会让孩子走向黑暗的深渊。孩子需要的是爸爸的回应、爸爸的重视。

教育观点如果不同，爸爸妈妈务必单独论证

很多父母有望子成龙、望女成凤的心态，希望孩子能够有美好的未来，也非常看重对孩子的教育问题。

在教育孩子的过程中，不少家庭上演过这样一幕：爸爸在严厉教育孩子的时候，妈妈在一旁说好话；或者是妈妈在教育孩子的时候，爸爸在一旁说好话，孩子则会奔向"保护"他的人寻求庇护。父母的这种教育方式是典型的"拆台式"教育。

"拆台式"教育，就是在教育孩子时，父母中的一方说好，一方说不好。简单点说，就是父母在教育孩子时出现了不同的观点。

人是独立的个体，对事物有不同的看法，也有不同的处理方式，这些都是在情理之中的。所以，教育孩子的时候出现教育观点不同十分常见。但是我们的不同观点不能当着孩子的面上演，不能在孩子的面前争论。

首先，从认知上说，父母教育孩子，其实是在给孩子灌输认知，而孩子的人生观、价值观、世界观正是根据他的认知形成的。

当父母灌输给孩子的认知出现极端的分歧时，孩子可能会对这一认知模糊不清，也可能是接纳温柔对待自己一方的认知。

比如孩子在玩危险的事物，父母发现后，爸爸严肃批评了孩子，并告诉他要远离危险事物。妈妈看到爸爸教训孩子后，将孩子抱在怀里，并安抚说："没关系，下次小心点就行。"这时候，父母的观点是存在分歧的，孩子会对"到底能不能玩危险事物"这件事模糊不清，但内心驱使他相信"保护"他的妈妈的话。

当孩子长时间接纳的是存在分歧的认知，或者是错误的认知，他的"三观"将是不健全的，此后的行为也会受到不健全"三观"的影响。

其次，从孩子的心理健康上说，在孩子面前争论教育观点是不利于孩子身心发展的。因为父母在争论观点时不免会出现争吵，这会令孩子感到惶恐。特别是对心思敏感的孩子来说，他们会很自责，将父母争吵的原因归咎到自己的身上，久而久之，就会变得孤僻自闭、胆小懦弱。

最后，父母在孩子面前上演教育观点不同，会影响到亲子关系的发展。不管父母一方谁对谁错，孩子只会靠近"保护"他的一方，远离严肃教育他的一方。

陈肖有一个6岁的女儿乐乐，乐乐聪明可爱，很讨人喜欢。但陈肖最近有些烦恼，就是乐乐忽然讨厌和他接触，哪怕是他主动向她示好，她也会躲开。这一切要从带乐乐去乡下玩说起。

那天周末，陈肖和妻子带着乐乐去乡下摘桃子。乐乐刚开始很感兴趣，后来因为天气太热，桃林里蚊虫太多，吵闹着不想摘了。陈肖就让乐乐去不远的地方待着，他和妻子两个人摘。然而，他没有摘一会儿，就听到乐乐的哭喊声。他和妻子连忙放下手中的桃子往孩子的方向跑去。

哭喊的不只有乐乐，还有桃林主人的孩子。乐乐站着哭，桃林主人的女儿坐在地上哭。陈肖问乐乐怎么回事，乐乐哭着说："我不想跟她玩，她偏要跟我玩。"桃林主人的孩子也哭着说："她把我推倒在地上，好疼呀！"

陈肖认为乐乐不应该推人，就让乐乐道歉。但乐乐很固执，就是不肯说"对不起"。这时妻子将乐乐抱在怀里，不赞同地说："乐乐选择不和别人玩是她的权利，我不认为她有错。"说着，就将乐乐抱走了。最后，陈肖替乐乐对桃林主人的孩子道了歉。

因为这件事，乐乐讨厌起陈肖，她认为爸爸一点儿也不爱她，只有妈妈是爱她的。所以，不论是陈肖找乐乐说话，还是主动跟乐乐玩耍，乐乐都视而不见。

父母与孩子的亲子关系讲究的是平衡，一旦孩子心中的天平倾向一方，与另一方的关系会越来越冷淡。渐渐地，亲子关系就出现了裂痕。一旦亲子关系出现问题，就需要耗费大量的时间和精力去修补。因此，父母在教育孩子的时候，即使出现教育观点不同，也请不要当着孩子的面前去论证，应该要单独论证。

教育孩子之前，父母要先统一观点，如果观点不同，就应该磨合，让双方的观点一致。

有时候，教育孩子的行为是突发性的。当爸爸教育孩子时，妈妈发现自己的教育观点与爸爸的不同，也请不要当着孩子的面去阐述，或者是当着孩子的面与爸爸争执，应该等爸爸教育完孩子之后，在孩子不在场的情况下，对爸爸说出自己的观点，与爸爸单独论证。

教育孩子的时候，父母必须有一个共识，那就是意识到"拆台式"教育不利于孩子的成长。当有了这个共识，就能够从根源上避免在孩子面前上演争执大戏。

第五章

忙碌的爸爸到底怎么做，才能事业、育儿两者兼得

　　工作忙碌，不是缺席孩子成长的借口。忙碌的爸爸只要把孩子与家庭放在心上，想办法抽出时间陪伴孩子，耐心且持之以恒地教育孩子，就可以做到事业、育儿两者兼得，并且把这段时间变成人生中最好的时光。所以，忙碌的爸爸们需要知道：事业有成很重要，成为能更好养育孩子的好爸爸更重要。

上班族爸爸，再忙也要挤出时间陪孩子

在孩子的心中，爸爸是高大的，值得信赖的。可是，爸爸也是陌生的，因为时常"见首不见尾"。不管是男孩还是女孩，长大之后都有这样的印象：几乎都是妈妈带我玩耍，辅导我学习，照顾我的吃穿住行；爸爸每天忙于工作，早出晚归，就连周末也很少见到人。

当代社会职场竞争激烈，上班族爸爸不得不把更多的时间和精力消耗在工作、应酬上，想给家庭提供好的生活，给孩子提供好的教育。爸爸工作忙，没有时间陪孩子，这是压力所致，是迫不得已。然而，这是正确的吗？

很显然，不是。工作重要，但是孩子的成长同样重要。对于孩子来说，成长需要很多因素，营养、知识、能力、爱等，最重要的是父母的陪伴。某科学杂志曾公布最佳的育儿方法，排在第二位的是父母相爱，第一位的则是父母给孩子足够的爱与陪伴。如果父母为了给孩子提供更好的物质生活，从小忽视对孩子的关爱与陪伴，那么孩子便会因此变成缺爱的小孩，长大后也会缺少安全感、敏感、孤僻，甚至不懂得爱与被爱。

对于孩子来说，父亲这一角色至关重要。只有妈妈一个人的教育和陪伴，没有爸爸的教育与陪伴，孩子尤其是男孩很难勇敢、自信、有规则感和责任感。这对于孩子的成长有极大的不良影响。退一步讲，孩子的感情是细腻的，你陪伴得少、沟通得少，与孩子之间的情感连接就缺少一个环节，自然很难形成良好的亲子关系。

轩轩的爸爸是典型的职场精英、"工作狂"，在一家外贸公司担任销售经理，平时业务非常多，忙起来时早上6点多起床，晚上10点多回家。有时他一出差就是十来天，几乎没有多少时间陪伴孩子。上小学之前，轩轩好像没有那么需要爸爸，与妈妈的关系亲密无间，与爸爸的关系也算"相敬如宾"。随着年龄的增长，轩轩成为一个小男子汉，对于爸爸陪伴的渴望就多了起来。因为小伙伴的爸爸时常带着他去踢球，自己的爸爸却没有；学校运动会上，很多同学的爸爸来参加拔河比赛，自己的爸爸却没有到；同伴受了委屈有爸爸做靠山，自己却没有……

轩轩越来越失落，越来越渴望爸爸能多陪陪自己。轩轩的妈妈也发现了许多问题，轩轩好像比其他男孩胆子小，没有那股子勇敢劲和"野"劲。所以，轩轩的妈妈希望轩轩的爸爸能多抽出时间参与孩子的成长，多关爱与教育孩子。轩轩的爸爸也很内疚，时常说："我很爱孩子，可是工作实在太忙了。找客户，搞活动，与商家应酬……哪一个不得我花时间、花精力……""我也不愿意早出晚归，可是不努力哪有前途与发展，怎能为孩子带来好生活？"

之后，轩轩的爸爸承诺会尽量抽出时间与孩子相处，但是显然所做的努力并不够。比如，答应早些回家，陪轩轩到足球场踢球，却因为临时应酬而爽约；再如，绝大部分时间依旧早出晚归，他出门时轩轩还没醒，回家时轩轩已经睡觉了，就算他想和孩子玩一玩、说说话，也没有机会。

轩轩越来越不满，对爸爸也越来越疏远。一次，轩轩的妈妈出差两天，轩轩的爸爸不得不放下手中的工作，负责接送轩轩上下学，照看轩轩的生活与学习。可即便如此，轩轩的爸爸也没有认真陪孩子，而是把轩轩带到公司，自己继续忙碌着。这两天，轩轩时常安静地一个人待着，与其他人聊天说笑，却不太愿意理爸爸。

显而易见，轩轩用不搭理、冷漠来对抗爸爸，发泄内心的情绪。这时候，若是轩轩的爸爸能及时改进，发现并改正自己的错误，那么亲子关系、孩子性格或许还有改变的可能。相反，如果轩轩的爸爸依旧执迷不悟，亲子关系可能越来越紧张，甚至影响孩子性格发展。

可以说，每个孩子对于爸爸都是有着依赖和向往的，从小到大都追寻爸爸的身影，在幼儿时期非常依赖妈妈，但是对于爸爸也有渴望。如果缺少爸爸的陪伴，孩子的情感就会缺失，成长也会出现一系列问题。

所以，上班族爸爸们，再忙也要抽出时间陪孩子，别让自己在孩子的成长中缺席。

对于忙碌的爸爸来说，拿出大把时间陪伴孩子，可能不切实际。但是每天拿出一小时，不是什么问题吧？就像那句话，时间就像海绵里的水，挤一挤还是有的。推掉不必要的应酬，去除非必要的加班，挤出一些时间多陪孩子，早点回家陪孩子吃饭、看看电视，或是玩一些有趣的游戏；一小时之后再去加班、应酬，把这个当成"铁律"执行下去。只要一小时高质量的陪伴，就可以达到培养感情的效果，让孩子感受到爱与关怀。

上班族爸爸就算再忙，也尽量抽出时间接送孩子上下学，参加学校的亲子活动或运动会。不一定需要每次都参加，但一定不要每次都缺席。因为对于孩子来说，有爸爸接送上下学，是最幸福的；有爸爸参加亲子活动或运动会，可以让其他小伙伴看到自己爸爸的"厉害之处"，是最自豪、骄傲的。这代表着自己有靠山，有最安全的守护。

爸爸们还需要与孩子多交流和谈心，可以说一些有趣的事情，讲几个笑话，也可以听孩子说说学校的一些事情、自己遇到的问题。爸爸们只要做到认真听、积极回应，而不是把交流当作训斥、命令与唠叨，就可以给孩子带来莫大的支持。

孩子的成长离不开父母，爸爸的角色，妈妈是不可取代的，生活中是如此，情感上更是如此。爸爸们要抽出时间，用心陪伴孩子成长。你终会发现：这一份爱与陪伴就是你能够给孩子最宝贵的礼物，也将让你收获最宝贵的礼物。

下班后收起手机，让孩子感受到你的存在与关爱

　　网络上有这样一句话：总有人说，玩手机是小事，比起家暴、出轨，算不得什么缺点。可是当一个人只会对屏幕傻笑，完全听不到爱人的心声，又何尝不是最残忍的冷暴力？

　　人们越来越放不下手机，"低头"的时间越来越长，两耳不闻身边事的时间也越来越长。在公车上如此，在饭桌、沙发、床上也是如此；在爱人面前如此，在孩子面前也是如此。很多上班族爸爸早出晚归，在外边忙碌一天后，回到家依旧放不下手机。或许有人是因为工作繁忙，在与人交流和沟通，但绝大部分人是在玩游戏、聊天、刷视频。

　　不管是哪种情况，手机似乎成为亲子关系的障碍，让爸爸成为这个家庭的"旁观者"。不信看看这一幕：一个一两岁的孩子抱着爸爸的大腿，哭得声嘶力竭，而爸爸无动于衷，始终抱着手机。妈妈无奈地说："游戏很重要，是吧？！放不下，对不对？！"这个爸爸竟然不耐烦地抬头回答："我要把这局（游戏）打完！"

我们不知道，这个爸爸是否工作繁忙，是否在下班后想要"放松"。但是，事实是不管工作忙碌与否，他都把注意力放在手机游戏上，没想回应孩子。对他来说，手机游戏比孩子重要，比妻子重要，比这个家庭重要。

玩手机是一个小事，下班后，放松一下也是人之常情。但是作为一个父亲，只知道抱着手机，不关心孩子的健康、生活、学习，不陪孩子游戏，不与孩子交流，甚至完全听不到孩子声嘶力竭的哭喊，那他就是最残忍、最不称职的。

文琪的爸爸对手机简直是爱不释手，每天下班回到家到睡觉前几乎不与妻子和文琪交流。文琪爸爸的工作涉及网络销售，下班后也不可避免地通过网络、电话与客户沟通，协调产品批号、调换货物等。于是，每次文琪的妈妈让他帮忙做点事，文琪的爸爸便说："我有事情要处理，你等一会儿吧！"要不就是"嗯，我知道了"地应着，然后半天不行动。最后，文琪的妈妈等得不耐烦了，只好自己动手解决。每次文琪找爸爸说话，或是询问功课上的事情，他便说："宝贝，爸爸正在忙，你去找妈妈。"如果文琪"打扰"他的次数多了，他便开始烦躁，生气地训斥文琪："你这孩子怎么这么不懂事，没看到我在忙正事吗？"

文琪的爸爸在家除了处理工作外，还上网看球赛、玩手机游戏。他一直盯着手机，看似很忙碌的样子，吃饭时，也是一边盯着手机一边拿着筷子，就连上厕所也带着手机，而且一进去就是半个多小时。每次文琪的妈妈质问他为什么不放下手机，他都说自己在忙，工作上有事情需要处理。

结果，手机在文琪的爸爸手里是发烫的，但是家里的温度却越来越冷。文琪的妈妈很是不满，责怪他越来越忽视自己与孩子，两人时常火药味十足。孩子是敏感的，知道对爸爸来说，手机更重要、更有趣，于是找爸爸的次数就少了，信任也瓦解了。

不知过了多久，文琪的爸爸感觉孩子对自己越来越排斥，不再像小时候那样冲着自己撒娇。他不解地问文琪的妈妈说："你说现在的孩子是不是叛逆了？为什么总是和大人对着来，一点儿都没有小时候可爱。我记得文琪小时候软软糯糯的……"

文琪的妈妈没有回答他的问题，而是问了一句："你还记得上一次与文琪好好说话是什么时候吗？"

文琪的爸爸愣住了。文琪的妈妈很严肃、认真地说："你之前还会抽出时间陪孩子，饭后与她看动画片，或是阅读。现在下班回家后，你都在干什么？很多次孩子问我，为什么爸爸只喜欢手机，而不喜欢我……"

此刻，文琪的爸爸才意识到，原来在孩子眼中自己是个不靠谱、不称职的爸爸。文琪的爸爸感到愧疚和后悔，下定决心放下手机，多给孩子陪伴与关爱。可以说，文琪的爸爸是幸运的，因为他及时发现问题，并且及时反省与改正。事实上，现实生活中，很多忙碌的爸爸并没有意识到这个问题，等到孩子长大之后才发现自己明明在孩子身边，却没有参与他的成长，几乎成为孩子童年生活中的"透明人"。

爸爸们应该明白：最悲哀的亲子关系，就是孩子满心欢喜地找爸爸陪自己，而爸爸只是"嗯嗯啊啊"地应付着，手里一直放不下手机。所以，下班后请放下手机，全心地陪着孩子，这才是称职的爸爸应该做的。

如果你真的很忙碌，有很多工作需要在手机上处理，那么当孩子来找你时，也不要用敷衍的态度来应付，尽快处理好事情，然后把手机放在一旁，专心地对待孩子。比如，认真地回答孩子的问题，或是专心地倾听孩子的委屈或是高兴的事情。这只需十几分钟，但是你的用心与耐心却可以让孩子感受到爱。

如果你没有太重要的事情要处理，下班后最好放下手机，把时间留给孩子与妻子，一起看电影或散步，或是来个家庭小游戏，你会收获幸福的家庭与和谐的亲子关系。更何况，这些对于你来说也是放松、娱乐，可以缓解一天的疲惫，不是吗？

如果你只是在用手机玩游戏、看视频，那就更应该放下了，不要拿工作累当借口，更不要嫌孩子烦。下班后只知道往沙发上一躺，抱着手机玩，你收获的只能是糟糕的家庭关系与亲子关系。

饭后与孩子谈谈心，建立父子之间的信任感

很多爸爸想与孩子沟通，但又不太会与孩子交流，找不到好的时间，也找不到好的方式方法。

其实，想要和孩子沟通，最好的时间就是饭后的半个小时，最简单的方法就是与孩子谈心。爸爸可以利用吃完饭后的半个小时，留下来与孩子好好谈谈心，这对孩子的影响、亲子关系的影响都是非常大的。

孩子一天下来，积累了很多的期盼，也遇到了不少问题与困惑。这时候，他想要把一整天的期盼释放出来，想要尽快解决问题、解开困惑，如果爸爸在饭后与孩子互动，听孩子说话，孩子就会心满意足，感到幸福与快乐。

饭后这段谈心时间不用太长，但是对于孩子和爸爸都至关重要，甚至有时候，它抵得过一整天质量不高的陪伴。如果孩子遇到一些难题、烦恼，爸爸以朋友的身份与孩子谈一谈，让孩子说说自己的问题，给予孩子一些建议或是情感回应，就可以建立起

父亲与孩子之间的亲密、信任关系，让爸爸走进孩子的内心世界。如果在沟通时多谈一些孩子感兴趣的话题，比如男孩喜欢的足球、动漫，女孩喜欢的绘画。

需要注意的是，和孩子谈心，而不是让他们听你说话，更不是训斥或唠叨。和孩子交流的机会少之又少，好不容易抽出时间来却一副命令的语气，不允许孩子做这做那，批评孩子这不对那不对，或是只与孩子说学习，说他成绩下降了，便强迫孩子总结成绩下降的原因，让孩子保证之后怎样，如此便关闭了与孩子沟通的大门，之后再想打开就难上加难了。

一个 13 岁的女孩岭岭对妈妈说："我最烦和爸爸说话了。"

"为什么？"妈妈问。

岭岭说："爸爸从来都不好好说话，总是一副命令的口气，好像我做什么都是错的。每天吃完晚饭，爸爸说'我们谈一谈'，我就知道他又要训我了，说我成绩为什么下降，犯了什么错，应该怎样，不应该怎样……"

妈妈无奈地说："其实爸爸是为了你好，每天都抽出时间多关心你、教育你，有的爸爸几乎没有时间管孩子……"

岭岭叹了口气，嘟囔着说："我宁愿他像那些爸爸一样。"

看到了吧！不正确的交流方式，有还不如无。它看似是父亲在努力参与孩子的成长，拉近与孩子的关系，实际上却适得其反，把孩子推得更远。

和孩子谈心，也需要技巧与学问。比如要像与朋友谈心一样，从平等的角度，有双向的交流，尽可能接受孩子的情绪与回应，多说一些愉快、高兴的事情。和孩子交流，不要只想着教导与训斥，也不要只想着自己是长辈。和孩子做亲密的朋友，多谈心，敞开心扉，才能让孩子放下戒备，信任并用心地与我们交流，才能越谈感情越好。

很多爸爸平时和孩子交流很少，一交流就说教，一遇到问题就严厉训斥，时间长了，亲子关系自然陷于困境。所以，这里建议爸爸们学会与孩子交流，尝试与孩子多谈心。当然，谈心不只局限于饭后，也可以是睡前，或是一周内选择一两个好的时机。

谈心时，爸爸们要主动引导孩子说出心里话，认真听孩子说话，并且及时反馈。同时，爸爸们也可以谈一谈自己的工作、年轻时的趣事、理想抱负。只要不是把和孩子的谈话变成对孩子训话，做到尊重、关注孩子的内心感受，耐心、平等地与孩子交流，就可以收到良好的效果。

出差在外，互动方式很重要

有些爸爸时常需要出差，一去就是十几天甚至一两个月，或者常驻外地工作，总是一年半载才能与孩子相处几天。这种情况下，问题出现了：一方面，爸爸真正陪伴、教育孩子的时间少之又少，对孩子缺乏了解和关心；另一方面，孩子对于经常不在家的爸爸感到陌生，自然难以产生亲近和信任。这很容易造成父子之间交流缺少、感情淡漠，同时也对孩子的成长有很大的危害。

每个孩子都期盼与爸爸相处，希望与爸爸多交流，而且越是长时期见不到爸爸的孩子，内心的这种渴望就越强烈。那些表现出来的疏远，比如不愿亲近，或者故意对着干，不过是发泄内心的不满与不安罢了。

面对孩子的疏远、亲子关系的淡漠，很多爸爸感到伤心和内疚，同时也感到无奈。毕竟大人的工作性质不容易改变。但是我们不能否认，在这个问题上需要做出努力和想出办法的应该是大人，而不是孩子。那么，爸爸们该怎么办呢？

增加与孩子的互动是必要的。孩子与长期出差的爸爸关系疏远，并不完全是因为距离远、陪伴少，更多的是因为爸爸从未参与孩子的生活。如果爸爸时常不在家，但每天定时与孩子沟通，或是饭后，或是孩子睡觉前，通过电话、视频了解孩子又长高多少、吃了什么，在幼儿园或学校遇到什么有趣的事情，"控诉"妈妈……在固定的时间，与孩子说说话，或是听孩子说说话，即便说一些小事琐事，也能增加彼此的感情。

爸爸也可以用自己独特的方式与孩子互动。有位爸爸时常出差，但是每次出差前都会给孩子留言，一开始是录音笔，后来是绘画、文字、照片。留言中，有对孩子说的话，有设计好的猜谜、数字游戏，有为孩子布置的一些小"任务"，还有给孩子讲的故事（包括录音、文字的）。四年时间，这位爸爸共给孩子写了近百封信，就是为了让孩子感觉自己对他的关爱与陪伴。

他对别人说："小时候通信不发达，父母常常在家里给我留字条，告诉我饭在锅里，或者抽屉里有几毛钱，自己去买包子之类的，现在想起来觉得很温暖。我做了爸爸之后，因为时常出差，不能每天都陪伴孩子，所以也希望孩子能感受到我曾经感受到的温暖。"他也确实做到了。

一次出差前，他给孩子留下任务——为爸爸做好接下来一周的天气预报，并且嘱咐道："如果你错过了电视节目，可以请教妈妈，让她教你如何上网查天气，爸爸每天都会给你打电话询问天气！"这样的互动，让孩子学会很多东西，包括关心爸爸、与爸爸交流、如何上网。

又一次出差前，他给孩子录下《不一样的卡梅拉》的故事。留言中，他说道："赶快打开录音笔吧！爸爸给你讲《不一样的卡梅拉》的最后一个故事。爸爸和你一起读完四季的卡梅拉，也

深深被故事所吸引。卡梅拉家族的每个人都那样与众不同，敢于幻想、敢于尝试，故事充满惊险和幽默，爸爸最喜欢'贝里奥'，因为它总是很搞笑。你可以告诉我你最喜欢的是谁呀。"通过亲子阅读、分享感受，倾听孩子的感受与想法，他做到了不一样的陪伴，也在点点滴滴中教会孩子一些道理。

这位爸爸很有智慧，也很令人敬佩。这些留言，不是冰冷的文字，它们代表着爸爸对孩子的爱与关怀。这样的互动，让分开的父子距离更近，而这距离是心灵上的。这位爸爸对孩子的教育与陪伴远远不止这些。不出差时，他会抽出很多时间陪伴孩子，带孩子外出，陪孩子阅读，与孩子做游戏等。

这是爸爸虽然总是出差，但是因为有耐心、有想法，创造出与孩子独特的互动方式，所以尽管工作繁忙，时常出差在外，但是与孩子的关系比寻常父子更亲密。

由此可见，工作忙碌，事业与育儿不能兼顾，不能以此作为借口，或者是用来逃避家庭责任。

所以说，如果你工作繁忙，时常出差在外，或是驻外地工作，就应该想办法多与孩子互动，加深与孩子的感情交流。对于年龄小的孩子来说，他不明白为什么其他小朋友的爸爸一直在身边，而自己的爸爸却总是"消失不见"。这时候，你需要和孩子解释：这是工作需要。虽然爸爸时常出差，或是在外地工作，但是爸爸很爱你，会通过其他方式，如打电话、视频聊天陪伴你成长；或是过几天就会回来，陪你去动物园、游乐场，一起看动画……

爸爸一定要让孩子明白并感觉到爱与被爱，那么，这份爱自然可以破除距离的阻碍，促使爸爸与孩子走得更近。

带孩子一起出差，开阔孩子的眼界

时常出差的爸爸与孩子多互动，多参与孩子的生活，这是必不可少的。有了互动，亲子关系才不会淡薄，孩子的性格和心理发展才不会失衡。

当然，与远距离的互动相比，面对面的交流与相处效果更好。只有线上互动，没有扎扎实实的拥抱，孩子的内心还是会缺了一点点安全感。所以，如果条件允许，爸爸完全可以带着孩子一起出差。

带孩子一起出差，尤其是年龄较小的孩子，爸爸需要照顾他的饮食起居，或许会比较累，但是累并快乐着。多与孩子相处，多让孩子了解自己工作的不易，更容易增进彼此的感情，还可以增强孩子的自理能力、社交能力与危机处理能力。

更重要的是，读万卷书，行万里路。

孩子需要在校园里学习文化知识，更需要遇到更多的人和事，见识更广阔的世界。带孩子一起出差，不仅可以让孩子享受更多的爱与陪伴，还可以使孩子接触更多的东西，开阔眼界，增长见识。

这与带着孩子一起旅行的意义一样。

一个 12 岁的男孩，踏上了与爸爸一起出差的道路。这位爸爸的工作性质比较特殊，一年中绝大部分的时间是在路上。他是汽车轮胎性能测试员，需要开车在各种道路上行使。这一次他从广州到内蒙古，途经福建、浙江、江苏、山东、河南、河北、辽宁等省，行程数千公里。这时恰逢男孩放暑假，这位爸爸心想：我时常出差在外，很少有时间陪伴孩子，既然孩子放了假，为什么不带上他一起上路呢？就当作一场亲子旅行，岂不两全其美？

于是，他征求了男孩的意见，男孩欣然答应，带着兴奋与期待。就这样，父子俩准备了帐篷，带着日常用品上路了。一路上，两人走走停停，聊天说笑，说一些平时从没说过的话题，一起欣赏路边的景色，讨论当地的建筑与家乡的有什么不同。每到一个地方，男孩都主动搭帐篷，为爸爸和自己准备一些吃的东西，而这位爸爸则完成轮胎测试数据的整理。到一些不适合露营的地方，爸爸则会先去找好住宿的地方，然后带着男孩去吃当地特色美食，陪同男孩为家人、同学买一些纪念品。

当然，父子两人在路上也遇到了一些问题与麻烦。在郑州，他们遇到了特大暴雨，积水几乎没过轮胎，但这位爸爸凭借出色的驾驶技巧和丰富经验，成功地避过了危险。他还帮助一位朋友拖车，把朋友那陷入积水区的汽车拖到安全区域。这让男孩更了解和信任爸爸，从爸爸身上学习到如何应对紧急情况，如何热情地帮助他人。

对于这位爸爸来说，这一次带着孩子一起出差是很成功的，因为这是一种超有趣的亲子体验。这位爸爸发现孩子与自己说的话似乎变多了，不再像之前那般冷冰冰，带着戒备与疏远。而且在路上，孩子每天都能看到和体验新的东西，见识祖国大地的宽广与丰富多彩，内心和思维都更广阔了。这位爸爸知道，下一次出差还应该带上孩子。

或许很多爸爸会说："这个爸爸工作特殊，这哪是出差，完全是旅行……要知道我出差的时候，有开不完的会，见不完的客户，还需要跑很多地方，每天累得不行，哪有精力带孩子？"

是的，忙碌、应酬、到处跑，这是大部分爸爸出差生活的常态。但是我们相信，只要做好安排与计划，同样可以一举两得。

谢丽尔·桑德伯格在《向前一步》中说过这样一段话："为人父母就意味着每天都要在时间上做出调整、妥协和牺牲。对大多数人来说，这样的牺牲和辛劳不是一种选择，而是必须做的事情。"没错，是拼事业、忙工作还是陪孩子，不是一种选择，而是必须要做的事情。两者可以兼得，只要我们大胆一些，想法多一些，就可以做到。

带孩子出差，订酒店时可以选择亲子酒店，或是带有游乐设施的酒店。就算条件不允许，也可以找具有地方特色的酒店或是民宿住下来，或者找距离要了解风土人情的地方、能让孩子游玩的地方较近的酒店住下来。这样一来，忙完工作之后，就可以带着孩子到处走走、看看，或是与孩子痛快地玩一玩。

在自己忙碌时，如果孩子已经可以独自外出，爸爸也可以为孩子安排一些他自己完成的行程，如到酒店附近的博物馆、科技馆、文化体验馆，或是帮孩子报一日游活动，但前提是孩子感兴趣，且保证人身安全。如果孩子比较小，只有几岁，且自己出差时间比较长，可以为孩子找个合适的托管班。

当然，不要觉得把孩子安排出去就好了。忙碌的间隙，要与孩子多联系、多沟通，忙碌完之后要多了解孩子玩得怎样，遇到了什么高兴的事。空闲的时候，也要陪孩子多看看、多转转，一起做孩子感兴趣的事情，毕竟你的目的是与孩子多相处、多交流。

如果有条件，可以带着妻儿一起出差，把忙碌、单调的工作变成有趣的家庭旅行。繁忙的工作之后，带着妻儿在不同的城市见识新鲜事物，卸下疲惫，陪伴家人，也是不错的体验。

所以说，带孩子出差，对于长时间不能陪伴孩子的爸爸来说，是一种独特的亲子旅行，也是一种参加彼此生活、陪伴彼此的方式。给自己陪伴孩子的机会，同时让孩子生活在别处，带着期盼与好奇接触不同环境的人和事，开阔眼界，增长见识，相信许久之后，你一定不后悔自己的选择。

教孩子不能心血来潮，持之以恒才有成效

比起"丧偶育儿"，爸爸们的心血来潮育儿更可怕。

有的爸爸把教育孩子的责任完全抛给妈妈，自己不管不顾。退一步讲，这有一个好处，那就是孩子不用两头为难，妈妈不用担心自己的教育理念与爸爸产生冲突。可是有些爸爸平时当"甩手掌柜"，不与孩子交流，不管孩子的生活与学习，闲下来时却喜欢"插一杠子"，或是看不惯妈妈的教育方式，时不时地指点一下。

一天，爸爸下班比较早，孩子正在看动画片，他心血来潮地非要教孩子认字，"陪"孩子玩搭识字积木游戏。孩子被打断，自然不开心。他反倒责怪孩子不识好歹，责怪妈妈没有教好孩子。

妈妈按照自己的方法辅导孩子学习，教孩子记单词，他跳出来说："怎么用这个方法？这个方法没效率！"转过头对孩子说："宝贝，爸爸有个好方法……"结果这个方法根本不适合孩子，还打乱了妈妈的计划与节奏。

平时都是妈妈管孩子，当孩子犯了错，妈妈批评几句，或是教训几句的时候，他就充当老好人："小孩子哪有不犯错的？你就不能好好说话吗？""你看看，你就是这样教孩子，怪不得他越来越叛逆？教孩子，不能大吼大叫，要讲道理……孩子，你听爸爸说……"爸爸当孩子的面与妈妈唱反调，也让孩子觉得自己有了靠山，自然就不服管，妈妈的努力全都白费了。

看吧！心血来潮地管孩子，偶尔刷个存在感，时不时瞎掺和、唱反调，不如干脆撒手不管。

网络上，人们管这种方式叫作"诈尸式育儿"。心血来潮地管孩子，不仅给妈妈带来很大麻烦，也给孩子带来不小的伤害。每次都是随口一说，随手一做，不管孩子是不是需要，不管妈妈是不是高兴。这对于家庭氛围的营造没有益处，对于孩子性格与心理的发展也没有好的影响。

任何事情都需要持之以恒，才能有成效，得到好的结果，育儿也是如此。孩子的成长是一个连续、漫长的过程，需要父母付出更多的耐心、爱与关怀。就像一棵幼小的秧苗，只有持续不断地汲取水分，接受阳光的照射，才能一天天茁壮成长。对于孩子来说，妈妈的照顾与教育，就是这个水分的给予；爸爸的关爱与教育，就是这个阳光的照射。爸爸只是偶尔出现一下教孩子、管孩子，不能做到持之以恒、始终如一，孩子的成长就会营养不良，甚至如小秧苗般枯萎。

可能有的爸爸工作比较忙碌，比妈妈照顾和教育孩子的时间少，也没有妈妈细致、周到。不过不缺位，不只有心血来潮时才行动，而是从孩子出生时就参与到育儿中来，与妈妈分工合作，一同尽心尽力，如此才能增强亲子关系，教育出优秀的孩子。

李琦的爸爸是个生意人，平时工作和应酬非常多。可是自从李琦出生后，爸爸便与李琦的妈妈一起学习育儿知识，分工合作，照顾和教育孩子。

李琦小时候，爸爸虽然没有喂过奶、换过尿布，但是每次李琦打预防针都到场，安抚孩子的情绪，并负责排队、做登记和拿东西。李琦的第一次翻身是爸爸教的，第一次走路也是爸爸在一旁保护的。李琦第一次上幼儿园，是爸爸送的，也是爸爸接的。不管工作多忙，李琦的爸爸每周都会接送孩子一两次，然后带他去游乐场玩。

李琦上学后，妈妈负责他的日常生活起居，辅导他的学习。爸爸担起亲子阅读的责任，每天晚上九点半准时回家，与李琦一起阅读，然后给他一个拥抱，看着他入睡。特殊情况也有，但每次爸爸都提前与李琦商量，向孩子致歉。

在选择兴趣班上，爸爸会与妈妈商议，一起征求李琦的意见。当孩子遇到问题，或是犯了错的时候，妈妈会与爸爸沟通。小问题，妈妈给予教育和引导；大问题，爸爸则会出面，认真地与孩子交谈。

李琦的爸爸一直都参加到育儿的活动中，虽然没有时时刻刻陪在孩子身边，但是没有错过他的每一个成长时刻。他对于孩子的陪伴是高质量的，让孩子感受到足够的爱。他给予孩子正确的引导与教育，教会他应该懂得的道理与规则，教会他如何处理问题、与人交往。

在父母的共同教育下，李琦健康快乐地成长着。

只要肯用心，有耐心，孩子的成长便会积极而健康，家庭气氛便会和谐而轻松。

第六章

爸爸的急脾气一定要收住，育儿是慢养的艺术

所谓欲速则不达，而男性在育儿这件事情上，通常比起女性要缺少耐心。孩子不比成年人，对这个世界并无经验可谈，所有的东西对他们来说都是新的。爸爸在教育孩子的时候，一定要明白，孩子不会拥有成年人那样的理解能力，万万不能操之过急。

爸爸期望太高，孩子被压得直不起腰

　　人们常说，有压力才有动力。但任何事情都要有个度，适当的压力的确有可能让人进步，但过量的压力却会让人崩溃，一蹶不振。更何况，有些人是有了压力就会努力进步，有些人则是受到赞扬才会进步。可见，不是每个孩子都适合面对压力。

　　男性和女性性格不同，经历不同，在家庭中的角色也不同。父亲往往比母亲更加性急，相比过程更加在乎结果。因此，教育孩子的时候，给孩子施加的压力会更大。天下父母大多希望自己的孩子能够更好，青出于蓝。甚至不少父母把孩子看作自己生命的延续，希望孩子能够实现自己年轻时没有实现的理想。

　　但很少有父母想过，自己当年没有实现的梦想，是不是因为自己当年没有像孩子这么好的条件，也没有想过孩子是否应该继承并实现父母没有实现的理想。特别是父亲，年轻的时候踌躇满志，人到中年却还没能实现。到了这个时候，孩子就成为他全部的希望。在巨大的压力之下，在通往理想漫长的路途上，孩子那幼小的身躯很难不被压弯了腰。

　　达达今年已经 10 岁，本该是无忧无虑的年纪，但却因为爸爸对他的期望，让他过早地背上了包袱。其他小朋友每到周末都会有两天时间用来玩耍，放学以后写完作业，也能够自由支配剩余的时间，选择看电视或者出去玩。这些对于达达来说，都是遥不可及的奢望。每天晚上回家，吃过晚饭，就要开始写作业。写完作业以后，爸爸就要开始教他画画。周末的时候，爸爸会送他到专门教画画的地方上课，再来接他回家。

　　达达原来是喜欢画画的，在很小的时候刚刚接触画画这件事情，就被缤纷的色彩迷住了。原来世界上有这么多种颜色，画出来的东西比照片更加有趣，他画的小猫小狗虽然不太像，但也可以让爸爸开心。后来达达知道了，爸爸年轻时的梦想也是画画，也被许多画家称赞过是有天赋的。不过因为家庭关系，爸爸最后没能坚持自己的梦想。达达想要让爸爸高兴，于是开始画更多的画。不过，随着爸爸对他的期望越来越高，达达开始逐渐不喜欢画画了。

　　画画为达达带来了什么呢？在家里，他每天除了要完成老师布置的家庭作业外，还要完成爸爸布置的画画作业，直到把所有的作业都完成才能睡觉。在学校，他总是最不合群的那个孩子，不是因为性格使然，而是因为下课时别人都在谈论最新的玩具、最好看的动画片时，他却对此一无所知。他能跟其他孩子聊的，只有画画。在他数次强行编造一些玩具、一些动画片情节，被其他孩子发现以后，他就不再做这样的事情了。

　　自从达达开始讨厌画画，爸爸就对他越来越不满意。如果孩子不喜欢做一件事情，不管大人多么努力地把东西灌进去，都起不到任何效果。因此，达达画画的水平再也没有进步过，反而有下滑的趋势。因为对达达的不满，爸爸的脾气变得越来越坏。一天晚上，达达实在没能让爸爸满意，看着爸爸咆哮着撕碎了自己的画。达达想不通爸爸为什么要发这么大的脾气，过去他画不好，爸爸总是会温和地安慰他、帮助他。从那天以后，达达更讨厌画画了。

就在那个周末，达达做出他人生中的第一次反抗。当爸爸把他送到学画画的学校，转身离开时，他就打消了去上课的想法。对画画的厌恶，让他实在没有办法迈着轻快的步伐走进去。于是，他看着爸爸的身影消失后，就转身离开了。

爸爸接到老师的电话时是非常愤怒的。他的第一反应不是孩子究竟到哪里去了，而是孩子居然敢不去上课，落下的课程要怎么补上。但这种愤怒没能一直保持下去。随着天色越来越黑，担心的情绪后来居上。从最开始爸爸一个人四处寻找，再到发动所有的亲朋好友一起找，最后爸爸想到了报警。当爸爸在哭泣的妈妈身边，正要拨打报警电话的时候，他的电话响了起来。原来，他的一个同事在公园的小河边找到了达达。

妈妈哭着把达达抱在怀里，爸爸也站在旁边红了眼眶。失而复得，有些时候比初次拥有来得更令人激动。回到家里，爸爸问达达为什么不去上课，跑到公园里待到天黑。如果上课太累了，可以减少一些课程。达达摇摇头，告诉爸爸，他讨厌画画，画画带给他的都是坏的东西。

听到达达的话，爸爸如同五雷轰顶一般，因为他觉得自己再次失去梦想。但冷静下来的妈妈却问达达，是真的讨厌画画，还是讨厌生活里只有画画。达达虽然年纪小，但想了想，还是告诉妈妈是后者。从那以后，爸爸再也没有逼达达画过画，但达达平日有闲暇时还是会画一些。放松下来的达达，表现远比之前在高压之下要好。爸爸把达达的画拿去给一些从事艺术行业的朋友看，得到了不少称赞。

任何人都有崩溃的时候。人们常说成年人的崩溃往往就在一瞬间，不是开玩笑的。长期的压力会导致沮丧、压抑、低落，积累得久了，就会成为心理障碍。崩溃是发泄的一种方式，是人类自我保护的一种方式。虽然很不体面，但却有正面的意义。孩子比成年人懂得少，是很难懂得如何宣泄压力的。当爸爸为孩子施加了太多压力的时候，孩子只有两种选择：逃避和崩溃。还有些时候，两种情况是同时到来的。

作为爸爸，不是不能让孩子学习更多的东西，对孩子寄予更多的期望，但这种期望不能过于沉重，更不能是长期的。人们在谈理想、谈志向的时候，常说立长志、常立志。对于教育孩子，同样应该如此，恨不得明天就让孩子获得成功，实现自己曾经的理想，这样的压力孩子承担不起。但如果把期望放到二十年后，在中途设立一个个小目标让孩子当成一个个游戏，逐步实现，这样压力就会小得多。过重的压力，只能把孩子压垮，压得直不起腰来。

孩子其实输得起，只是父母实在太焦虑

人们常常用胜负心当作一个人是否上进的评价标准，这其实是不对的。人们对于"上进"含义的理解并不相同，而胜负心的体现也不完全在一个地方。有些人看作成功的标志，在另外一些人眼中不值一提，甚至还有些不屑。

孩子的胜负心是不定的，可能在某个瞬间就能达到顶点，又可能在下一个瞬间消失无踪。可能今天还非常在意某件事情能否胜过其他人，而明天就又换了一件事情。至于之前的胜负，已经忘得一干二净。

孩子不在乎，父母却往往很在乎。许多父母把孩子当作自己的物品，当作自己的财产，当作自己的作品。谁家孩子的学习成绩好，谁家孩子的体育好，谁家孩子有艺术细胞，这些早就成为父母攀比的项目。孩子不在乎的时候，父母却比得不亦乐乎，一旦孩子表现出在乎，父母就更在乎了。孩子想要赢，怎能不倾力支持呢？

但是面对失败的时候，父母表现得就远远不如孩子洒脱。孩子输了着急，父母比孩子更着急。孩子已经忘记了失败的事情，父母却会逼着孩子"一雪前耻"，替他们找回场子。久而久之，就出现孩子输得起但父母太焦虑的情况。

年轻爸爸马越自认为是个没什么胜负心的人，他从小就不爱与人攀比，别人喜欢的、非要拥有的东西，他往往表现得不屑一顾。那些没有什么人知道的、小众的东西，才是他喜欢的。这种情况到有了女儿以后发生了巨大的转变。

女儿小雪是马越的心头肉，这个女儿继承了他和妈妈的优点，长得很漂亮，头脑也聪明，还没上学，就凭着电视上的字幕学会许多汉字，开始独立阅读童话故事书了。这件事情让马越很是骄傲，着实向朋友、同事们炫耀了一段时间。正是这件事情，让马越产生了自家女儿在熟人圈子里是最好孩子的想法。

一次，马越带着女儿去一位同事家玩。同事家有一架小钢琴，是给女儿学琴用的。给客人表现才艺，是许多孩子儿时难以躲过的一关。今天主人家女儿的才艺展示，自然是弹了一曲。小雪对这个叮叮咚咚的乐器很感兴趣，和姐姐围着钢琴玩了好一会儿。主人家也连连夸赞，小雪这孩子手指这么长，人又聪明，不学钢琴可惜了。这句话让马越动了心思，自家女儿长得漂亮，又冰雪聪明，如果学学钢琴，提升一下气质，长大了岂不是仙女下凡？于是，他也买了一架小钢琴，给女儿找了钢琴教师。

同事的女儿刚刚学琴不久，马越自然升起攀比的心思。既然自家女儿天下第一聪明，超过对方不是一件轻轻松松的事情吗？上了几堂课以后，老师确实对小雪赞不绝口，称赞他教过的学生中小雪的天赋算是不错的。但过了一段时间，马越在家招待同事们的时候，却没有收获想象中同事的羡慕。

小雪刚刚学会的曲子，同事的女儿早已弹得很熟。而同事女儿开始学的曲子，小雪根本没有接触过。马越对这件事情虽然有些不满，但还是想着，自家女儿学琴的时间还短，过一段时间就好了。让马越没有想到的是，小雪的反应居然比他还要大。那天同事们离开以后，小雪还是闷闷不乐，念叨着自己不如那个姐姐，姐姐会弹的曲子自己弹不了。

马越一直把女儿当成掌上明珠，如今女儿不高兴，这还了得？他找了更有名的老师，给女儿增加了课程。虽然家庭支出大大增加，但只要女儿能赢、高兴，这一切就都是值得的。

在接下来的几个月，马越每每想到请钢琴老师的花费就很心疼，小雪也因为高强度的练习疲惫不堪。不过，在下一次去同事家的时候，小雪在钢琴上的学习进度不仅超过同事家的女儿，甚至把对方远远地甩在身后。

回到家，马越问女儿："今天高兴吗？"小雪不以为然地说："今天都要累死了，有什么可高兴的？"这个答案让马越很是意外，于是又问："今天你弹的好几首曲子，那个姐姐都不会，你比那个姐姐弹得好，不开心吗？"小雪撇撇嘴说："我也比她累多了，她每周才上五节课，我每周要上八节。"马越有点急了，追问说："上次你输给那个姐姐不高兴，爸爸才让你多上课的呀。"小雪挠了挠头，说："我那天不高兴了吗？我忘了。"

这个时候，马越才明白，自己女儿不高兴，其实就那一会儿的事情，根本没有非要赢人家的想法。自己一辈子特立独行，偏偏在孩子这件事情上没能免俗，结果花了不少钱，女儿累得够呛，还没有讨到好，真是亏大了。

孩子的胜负心并不强，心性非常单纯，容易受到大人的影响。很多时候，孩子只在某个时段甚至某个瞬间流露出想要赢的想法，而父亲却把这件事情看得很重要。在父亲的影响下，孩子才会把这件事情看得越来越重要，认为非要取得胜利不可。

不要攀比，父母应把这当成教育孩子的信条之一。但是男性的胜负欲是很强的，把孩子当成攀比的项目是许多父亲会做的事情。孩子不是家长的所有物，他们应该有自己的人生，有自己的选择。作为一名好父亲，万万不能因为自己的胜负欲，为了能在孩子的对比中取胜，而强行把压力加在孩子身上。当得知孩子的想法以后，你才会知道这么做有多么不值得。

爸爸的小皮鞭，将孩子抽打到 "歪路" 的边缘

鞭策，在现代汉语中有督促、推动他人前进的意思。在家庭中，温柔的妈妈给孩子更多的是鼓励，严厉的父亲想要让孩子上进，自然更多时候会选择鞭策。但在鞭策的时候要注意，即便出发点是好的，即便注意了尺度，但鞭子落在身上始终是疼的。鞭策，用的虽然不是真正的鞭子，语言的鞭子同样会伤害孩子。

趋利避害是人的本能，这个本能带来的驱动力，远比孩子学到的大道理来得更强。如同人要吃饭，但又不能吃"嗟来之食"一样，要用学过的道理和自己的本能对抗。成年人有些尚且不能坚定地战胜自己的本能，何况是孩子呢？因此，鞭策的力度和次数，如果超过孩子的承受能力，为了躲避疼痛，孩子自然会到自己觉得安全的地方去。此时父亲如果还没能察觉，只会用鞭子把孩子赶得越来越远，最终到达"歪路"的边缘。

龙龙的爸爸大海不是个墨守成规的人，他从来没有想过孩子一定要有过人的学习成绩，考上名校，将来成为社会上的成

功人士。他想要让孩子拥有一技之长，将来有安身立命的本领就足够了。

相比学习成绩，大海更看重孩子的品格。在他的期待中，龙龙应该成为一个顶天立地的男子汉，有坚强的性格、健康的身体、足够的责任感。因此，龙龙只要学习成绩过得去，他就不会过度苛责。但他绝不允许龙龙懒惰，更不允许龙龙做出不负责任的事情。

大海认为，运动能帮助培养龙龙的性格，不管是坚强还是责任感、纪律性，都可以通过坚持运动获得，更别说还能顺便帮忙锻炼孩子的身体了。没想到，龙龙在田径运动上还真的颇有天赋。最开始，大海带着龙龙跑到公园，再跑回家，一路上要让龙龙休息两次。几个月后，龙龙一次都不需要休息了，虽然喘得厉害，但能跟着爸爸一直跑回来。

孩子有这方面的天赋，父亲自然不遗余力地培养。于是，父子俩每天长跑的距离在增加，跑步的次数也从每天早上一次变成早、晚各一次。在这个过程中，大海没有发现自己的态度开始悄然发生变化。他对龙龙越来越严厉，要求也越来越高。有几次龙龙坚持不下来，他都语气严厉地对儿子说，当一个男子汉就要有坚忍不拔的品格，面对困难咬咬牙，就挺过来了。

在父亲的不断鞭策下，龙龙的态度也在发生变化。原本他和父亲的关系非常亲密。随着父亲的态度逐渐严厉，他开始畏惧父亲，与父亲之间的亲密互动越来越少。过去龙龙把父亲的话当作鼓励，如今已经变成必须执行的命令，一旦完不成，他不敢想父亲会怎样责骂、呵斥他。

经过半年的奔跑，检验龙龙成果的时候到了。在学校组织的运动会上，龙龙报了所有的长跑项目。在大海的设想中，儿子经过自己的不断鞭策，在自己的高要求下，胜过所有的同龄人想必不是困难的事情。于是，在运动会开始前，他就告诉龙龙，一定要拿到第一名，不仅是为班级争光，也是为爸爸争光。

以龙龙的实力赢过同龄人的确不是难题，但大海的要求让龙龙紧张起来，还没开始跑，满脑子就是如果输了爸爸会多生气的画面。到了开跑的时候，龙龙紧张得气都喘不匀，幸好实力够强，即将抵达终点的时候，龙龙还是在第一名的位置。

就在最后的冲刺阶段，一个其他班的同学居然奋起直追，冲了上来。龙龙一时紧张，觉得肺部一阵疼痛，居然岔气了。他越是着急，对方和他的距离就越近。龙龙想要冲得更快一点儿，脚下一个不稳，居然跌倒了。跌倒以后，龙龙知道自己的第一名保不住了，脑海中又出现父亲生气的样子。情急之下，他居然伸出一条腿，绊倒了即将超过他的对手。接着，龙龙赶紧站起身，冲过了终点线。

就在场边观看比赛的大海勃然大怒，他万万没有想到，儿子不仅没有拿到第一名，还为了拿到第一名干出如此卑鄙的事情。裁判和老师还没有对龙龙的行为做出判决，他就先冲了上去，拉过龙龙狠狠训斥起来。

"你说，你为什么干出这样的事情？爸爸平时是怎么教你的？不是要你做个顶天立地的男子汉吗？你看看你做的事情，哪有光明磊落的意思。友谊第一，比赛第二，你都忘了吗？"

听了爸爸的话，龙龙委屈地大哭起来："我满脑子都是你让我拿第一，拿不到就要生气的样子。其他的事情，什么都想不起来了。爸爸，你别生气，我以后再也不敢了……"

听着儿子边哭边说，大海这才开始反思：自己是不是把儿子逼得太紧了，手里的鞭子，是不是扬得太高、挥得太快了……

孩子是最纯真无邪的，这意味着孩子做事更加直截了当，但也意味着孩子没有足够的是非观念。孩子的道德观，是由学校老师、父母不断灌输而形成的。知道什么是好的，什么是坏的，但要具体问为什么，孩子并不能说清楚，心里也不一定明白。当实际情况摆在眼前的时候，人趋利避害的本能就会出现，胜过孩子一知半解的道德观。到了这个时候，做出错误的事情也在所难免。

父亲的鞭策，如果失去控制，把孩子抽疼、逼得太紧，孩子为了躲避危险，就会想尽所有办法，使出一切手段。到了这个时候，即便眼前是一条"歪路"，也顾不上许多了。

鞭策孩子，给孩子一些动力自然是好的，但要时刻注意孩子的情况。成年人对于伤害的承受能力和孩子是不一样的。许多人回首自己的童年，会发现许多天塌一般的大事，在长大以后如同笑话一样。父亲觉得孩子能够承受的痛苦，也许对孩子来说，就成为巨大的伤害。别让你的鞭子把孩子逼到"歪路"的边缘，更别让这种伤害变成孩子需要用一生治愈的童年阴影。

每个内心崩溃的孩子,背后都有个 "别人家的孩子"

"你看看人家×××,会弹琴,又会画画,你都会什么?"

"为什么别人都能学会,你就怎么都学不会呢?"

"听说×××考试又是第一名,你怎么就不能跟人家学学?"

……

类似这样的话,身为爸爸的你,对孩子说过吗?

其实,很多爸爸对孩子说这样的话,只是希望通过这样的方式"激励"孩子,让孩子能够向更优秀的同龄人学习,或者激发孩子的斗志,让孩子能够更加努力地提升自己,未必就是真的觉得自家孩子哪儿都不如人。

但爸爸们不曾想过,对于孩子来说,"父亲"这个角色的分量非常重。在一个家庭中,如果说妈妈对于孩子更多的是爱与情感的象征,爸爸所代表的就是权威。孩子会从妈妈身上汲取慰藉心灵的情感,也会从爸爸身上寻求自身价值的肯定与认可。如果在孩子成长的过程中,从爸爸身上得到的反馈是负面和否定的,

他们就会很难建立起自信，也很难实现自我价值的认可。

"在这个世界上，你最讨厌的人是谁？"如果问 8 岁的洋洋这个问题，他一定会斩钉截铁地告诉你："我表哥！"

洋洋讨厌表哥，并不是因为表哥是个坏家伙，正好相反，洋洋的表哥实在太优秀了，简直是理想中的"完美小孩"。他不仅学习成绩好，还会弹琴、画画、性格温和、懂礼貌，在家里也会主动帮忙做家务。

在洋洋很小的时候，他其实是非常喜欢表哥的，也特别崇拜他。但后来洋洋发现，自己身边有这样一个优秀的人，其实不是什么好事，因为无论他做什么，别人都会拿他和表哥比较。如果说其他人的比较只是让洋洋感觉有些不开心，那爸爸的比较就是导致洋洋疏远和讨厌表哥的最主要原因。

洋洋从爸爸口中最常听到的话是：

"你怎么就考了 85 分？你表哥这门功课可从来没低过 90分……"

"除了打游戏，你还会什么？看看你表哥，前阵子参加书法比赛还得了一等奖，你就不能向他学习学习吗？"

"你表哥在英语演讲比赛中得了第一名，你多去向人家请教请教，瞧瞧你这成绩，居然不及格！"

……

就这样，表哥成了洋洋最讨厌的人。

事情爆发在一个周末的早上。那天，爸爸答应带洋洋去海洋公园，但临出发的时候，洋洋才知道，原来爸爸也叫了表哥一起。洋洋很不开心，这本来是爸爸答应给他数学考了 90 分的奖励，凭什么要带"讨厌的表哥"一起？

因为这事，洋洋和爸爸吵了起来，爸爸忍不住像平时那样说了一句："你怎么这么不懂事，就不能学学你表哥……"

结果话还没有说完，洋洋突然红着眼睛、声嘶力竭地吼了一句："你那么喜欢他，让他叫你爸爸啊！我讨厌死你了！"

说完，洋洋直接冲出家门。结果这时候，表哥刚好来到门口，看见洋洋怒气冲冲的样子，伸手拉了他一下，洋洋却生气地往前一推，不小心把表哥推下楼梯……最终，海洋公园自然是没有去成。万幸的是，表哥只是崴到了脚，擦伤了手。

因为这个意外，洋洋的爸爸终于发现儿子状态的不对劲。经过和洋洋的一番长谈，他也终于意识到自己的问题。洋洋的爸爸非常后悔，虽然他经常夸赞外甥，但其实本意只是觉得外甥有很多优点，希望洋洋能多向他学习，却不曾想自己无意中说的这些话成了对儿子最大的伤害。

父母总是一直教育孩子不要有攀比心理，但在教育孩子时不停提及"别人家的孩子"，本质上不也是一种攀比吗？就像洋洋的爸爸，他用外甥作为教育的"样板"，初衷或许只是希望儿子有个好的学习榜样，努力成为优秀的人，将来有更好的发展。可他没有想过，在这个过程中，当他一次次无意中流露出对外甥的欣赏和对儿子的失望时，这种落差会对儿子造成多大的伤害。更重要的是，因为他的"攀比"，儿子在承受巨大心理压力的同时，也对表哥产生抵触情绪，才导致那起意外的发生。

身为父亲，教育和引导孩子是不可推卸的责任，但在教育的过程中应该实事求是，有问题说问题，而不是将"别人家的孩子"拉扯进来，人为地给孩子树立一个"敌人"。

不要揠苗助长，教养孩子请遵循他的身心发展规律

望子成龙，望女成凤，这大概是所有家长对孩子共同的期盼。然而，在这样的期盼下，很多父母教育孩子时不免有些揠苗助长，生怕孩子不能赢在起跑线上。殊不知，万事万物都有其规律，加速的教育对于孩子的成长而言，未必是一件好事。

看过这样一则报道，内容让人感慨万千。

一位爸爸立志要将儿子培养成才，不让他像自己一样一生都碌碌无为。于是，秉承"不能输在起跑线"的原则，当儿子还在襁褓中的时候，这位爸爸就每天给他朗诵诗歌、读英语、念数学公式。只要儿子还醒着，不管听不听得懂，他都会一刻不停地向他灌输各种知识。

儿子3岁的时候，这位爸爸带着他做了智商测试，结果显示，此时的儿子已经达到5岁孩子的智商水平。这个结果让这位爸爸欣喜若狂，甚至产生一个想法：要把儿子培养成一名"神童"。

为了实现这个目标，这位爸爸制订了一系列的目标与计划，打算让儿子从3岁开始学习小学知识，争取7岁顺利上初中，11岁跳级参加高考，15岁读完本科，参加研究生考试。

但问题是，众所周知，没有任何一所小学会接收年纪这么小的学生。怎么办呢？这位爸爸没有气馁，也没有因此放弃自己的计划，而是决定亲自上阵，做儿子第一阶段的老师。

每天清晨6点，他会叫醒3岁的儿子，让他进行1小时的早读。吃完早餐后，从8点半开始，儿子一整天的学习课程就展开了。晚上，他还专门聘请一个大学生，教儿子练习英语口语。

让儿子这么辛苦，这位爸爸心里觉得十分愧疚，因此在生活的其他方面都无比迁就他。比如，可以容忍他把家里弄得一团糟，也可以容忍他挑食不肯吃饭，甚至是那些毫无缘由的坏脾气和无理取闹。唯独有一点儿不能退让，那就是学习。

当然，这位爸爸想要培养的是"神童"，是全面发展的"天才"，而不是一个书呆子。因此，除了在家进行知识学习之外，他还给儿子报了书法和绘画方面的兴趣班。这样一来，儿子就更加忙碌，他的生活被学习填满，没有时间玩耍，也没有时间进行任何的休闲娱乐。为了让儿子安心学习，家里的电视机几年都没有打开过。

一次，从兴趣班回来的儿子突然问爸爸："一休哥是谁？为什么我从来没有看过？"听到这个问题，爸爸心里咯噔一下，摸着儿子的头，语重心长地对他说道："儿子，你跟其他孩子不一样，你那么聪明，而他们却只知道成天看电视，你不需要知道一休哥是谁，你会解方程式，可比他们厉害多了！"

之后，为了不让其他孩子影响到儿子的学习，这位爸爸开始有意识地限制儿子和其他同龄孩子的接触。

这样的生活一直持续到儿子7岁的时候。这位爸爸发现，儿

子不知什么时候开始变得沉默寡言，甚至出现很多不正常的行为。他经常一个人坐着发呆，然后把书撕成小碎片，再将这些碎片仔细收集起来，放到一个塑料袋里，把塑料袋压到枕头下面，不让任何人碰。后来，因为收集的碎纸实在太多，把床都给占满了，但他依旧不许人清理，谁要是碰一下，他就哭得歇斯底里。

儿子不正常的状态吓坏了这位爸爸。他带着儿子去看心理医生，医生告诉他，儿子已经患上了严重的心理疾病。一开始，他不肯相信医生的诊断，这可是他的"神童"儿子，怎么可能会有心理疾病呢？但儿子的状况显然已经非常不正常，无论他们如何制止，儿子每天做的事情都是三件：看书、做作业、撕书。

最后，按照医生的建议，这位爸爸将儿子送到一所学习压力比较小的小学，让儿子学着融入集体生活。每周，他都会带儿子去做一次心理治疗。当看到儿子终于对他露出第一个久违的笑容时，这位爸爸终于忍不住放声痛哭。这一刻，他觉得，有一个会笑的儿子真好。

一粒种子要长成参天大树，需要在阳光和雨露的滋养下，经历扎根、发芽、长叶、开花、结果等过程。如果根扎得不够深，我们就贸然将矮小的植株拔高，它就会因为无法站稳脚跟，无法汲取更多的养分，而不能支撑更加长远的生长。

教育孩子也是一样。孩子的成长自有其发展规律，如果因为心急就贸然干涉，反而可能对孩子造成不可弥补的伤害。

众所周知，孩子刚出生的时候抵抗力比较低，为了避免孩子受到伤害，我们会把他们可能接触到的一切物品都消毒。但是等到孩子稍微长大一些，会爬会走的时候，我们就不可能还像从前那样把他们保护得密不透风。尤其在那个阶段，孩子还是靠舌头来感知世界，不管拿到什么，都会往嘴里塞。

但有意思的是，虽然存在这么多"风险"，但孩子却很少会因为乱往嘴里塞东西而拉肚子。这不是因为孩子的抵抗力增强了，而是因为那个时期，孩子会流口水。当他们把不卫生的东西往嘴里塞的时候，口水往外流，就会把脏的东西也一块儿冲刷掉，这样细菌就不会进入他们的身体，自然就减少了拉肚子的风险。

这就是孩子的自我保护。成长是需要时间的，顺其自然才是对孩子最好的教养。很多孩子在刚刚开始学写字的时候，都会把偏旁写颠倒，这其实是一种很正常的现象。随着对文字接触的加深，孩子的大脑会慢慢调整和修正，之后也就慢慢改正过来。但如果父母不肯给孩子时间，过分地干涉和纠正，反而可能打乱孩子学习和适应的节奏，给孩子增加不必要的压力。

所以，爸爸们千万不要心急，成长自有其规律，让孩子在合适的年龄学习合适的东西、做合适的事情，才是对孩子最好的教育。

第七章

做孩子心目中的英雄，虽然你并非无所不能

　　每个爸爸都应该成为孩子心目中的英雄，但孩子心中英雄的定义与成年人大不相同。孩子不需要爸爸能飞天遁地，也未必需要爸爸能成就怎样的一番伟业，但却需要爸爸品德高尚、顶天立地。与其滔滔不绝地给孩子讲道理，不如以身作则，成为孩子心中的英雄、眼中的榜样。

爸爸要做榜样，让孩子由衷为你骄傲

　　很多情况下，孩子表现的问题往往是家长存在的问题，孩子其实是父母的一面镜子。如果家长在孩子身上发现了问题，不要直接责怪孩子，不妨先审视一下自己给孩子树立了怎样的榜样。身教胜于言传，只有家长以身作则，孩子才能以家长为榜样，为家长而骄傲。

　　这天，涛涛放学后跟几个小伙伴一起踢足球，一脚下去，只听见砰的一声，打碎了邻居家的玻璃。眼看闯了祸，涛涛赶紧拉着几个待在那里没反应过来的小伙伴，一溜烟地逃跑了。结果，这家邻居出来没看到人影，却捡到了足球，左邻右舍一打听，就找到其中一个孩子，然后邻居拿着足球找到涛涛家。要说一块玻璃也不值几个钱，结果为了这事儿，闹得左邻右舍都知道了，涛涛的爸爸很是恼火，感觉十分没有面子，当着邻居的面狠狠地教训涛涛。涛涛气不过，委屈地大哭起来，一边哭一边喊："我还不是跟你学的！你剐蹭了人家的车都知道逃跑，我闯了祸，要是不跑，你又要骂我缺心眼了……"

　　涛涛的爸爸顿时无地自容，原来上星期的一天晚上他开车接涛涛回家，因为回家晚，小区门口两边停满了车，他一不留神，剐蹭到其中一辆。当时涛涛说："爸爸，咱们赶快联系车主吧，你剐蹭到人家车了！"结果，涛涛的爸爸训了涛涛一顿："你是不是缺心眼！这里这么黑又没有摄像头，是他停车不规范，活该，咱们赶紧走……"

　　赔了邻居的玻璃之后，涛涛的爸爸的心情久久不能平静，原来自己的一个错误行为，竟然对孩子的影响这么大！经过一番反思，涛涛的爸爸做出一个决定：他用纸打印出道歉的话和自己的联系方式，带着涛涛去小区门口一辆一辆找上次自己剐蹭到的车，准备给车主赔礼道歉。找到第三天晚上，终于找到车主，并且给车主做出诚恳的道歉和相应的经济赔偿。那位车主也表示原谅，两家人还成了朋友。

　　回到家之后，涛涛的爸爸问涛涛，这下自己做得对不对？涛涛高兴地说："爸爸，你跟我说过，要做一个诚实正直的人，这才是我的好爸爸！"

　　日常生活中，爸爸一定要注意言行，在孩子面前起到榜样作用。家长的一言一行，在潜移默化中影响孩子品德的形成。家长勇于承认错误，承担责任，做事情公正公平，孩子自然会受到这种品格的熏陶。

　　家长要经常给孩子讲一些正面的人和事，让孩子多接触正能量。日常生活中，可以让孩子多独立处理一些待人接物的事情，时刻观察和了解孩子，发现孩子身上存在的问题，及时给予指导，帮助孩子改正，这样孩子就会逐渐建立起正确的人生观和价值观。

　　爸爸平日里一定要严格要求自己，加强自身道德修养，做一个正直的人；对同事、亲友不说谎、不做假；在孩子面前信守诺言，不为了某些目的而欺骗孩子；要敢于在孩子面前做自我批评；不袒护、包庇自己的孩子；不要在孩子面前说别人的坏话等。要使自己的一言一行成为孩子学习的榜样，这样孩子才会在内心树立起正面向上的好榜样，遵守爸爸日常遵守的原则。

有句话是这样说的："先做人后做事。"做人是做事的基础，如果连做人都做不好，就难免会做坏事。所以在孩子人格培养方面，爸爸要分清轻重缓急，比如永远不要因为"分数"忽略孩子其他方面的成长。

比如，爸爸可以要求孩子从细节入手，重视品德教育。有些父母对孩子的品德教育只局限在不打架、不骂人，不给家长惹事，就心满意足了。还有的家长对孩子不爱惜公共财物、不遵守公共秩序，或玩耍影响邻居休息等不良行为视而不见，这是错误的做法。无论是在家还是公共场所，一定要标准统一，才不会给孩子的品德发展造成坏影响。

子不教，父之过。父亲在家庭教育中有着不可替代的地位。世界卫生组织公布了一个研究结果：平均每天与爸爸共处两小时以上的孩子，智商更高，男孩看上去更坚毅，女孩长大后则更擅长社交活动。

每一位爸爸都要明白：塑造孩子的人生观、价值观不是件容易的事情，但是如果孩子最亲近的父母能深刻体会到榜样的价值，并在实际生活中身体力行地引导，孩子自然会慢慢模仿，逐渐形成正确的人生观，这也是培养孩子人生观、价值观的基础。一个优秀的爸爸不仅注重对孩子的陪伴和教育，更会不断提升自己，给孩子树立好的榜样。

培养孩子的意志力，是爸爸育儿的主要课题

有人说过这样一句话："我不知道怎么定义成功，但知道怎么定义失败——那就是放弃。如果你放弃了，你就失败了；如果你有梦想，不放弃，你永远有机会和希望。"

晚上，上五年级的明明回到家，突然说不想上街舞课外班了。明明的妈妈吃了一惊，早几天明明还因为可能不能参加比赛而不太开心。当时是因为练习不熟练，被老师调整到不参加比赛的训练组。明明的妈妈看孩子不开心，自己也着急，就询问了明明的老师。老师说还有机会，眼下的分组不是最终结果，如果动作熟练了，还是有机会参加比赛的。

当时明明也答应要努力争取。经过几天努力，前两天爸爸接明明放学时，听说他又调回了参加比赛的训练组。两个人刚刚放心了几天，没想到明明突然又来了个大转折。

"这次因为什么呢，你不想参加比赛了吗？"妈妈问。

"不想了，作业太多，忙不过来！"明明头也没抬，说道。

"作业一直都是这么多，为什么之前都能坚持呢？"

"真不想学了，太累了！"明明不耐烦起来。

"哪能如此说放弃就放弃？"爸爸有点激动，声音高了点，"退出很容易，和老师说一声就行，可是要再进去可就难了！哪有做一件事情想进就进、想退就退的？老师怎么想？要是你每次都轻易放弃，将来什么都干不成！"

"有几个动作不会，明天还得考核！"见爸爸生气了，明明才哭丧着脸说。

知道了真正的原因，明明的爸爸若有所思。第二天晚上，明明写完作业之后，爸爸带他一起看了一部纪录片：1968年的奥运会上，当马拉松颁奖仪式结束一个多小时后，大会得到一个让所有人都吃惊的消息：有个选手还在跑！这个还在跑的选手就是阿赫瓦里。他在跑出不到5千米后因碰撞而摔倒，受伤之后，他并未就此退出，而是一瘸一拐地继续向终点跑去，因为他觉得自己的比赛远未结束。由于剧痛，他的慢跑比寻常人散步还要慢，这时他身边出现了一名记者，记者不解地问："为什么明知毫无胜算，还要拼命跑下去？"阿赫瓦里坚定地答道："我的祖国把我从7000英里外送到这里，不是让我开始比赛，而是要我完成比赛，我坚信我能够抵达终点……"被深深感动的记者立刻发稿到奥林匹克新闻中心。得知这一消息，许多已回家的市民又回到路边，为这位勇敢的选手助威、欢呼。在观众的鼓励下，阿赫瓦里拖着伤腿，顶着满天星星，走入专门为他打开灯光的体育场，几乎是一步一步地蹭到终点线。他被当作英雄般簇拥着，受到远比冠军更隆重的礼遇。

看到这里，明明的爸爸按下暂停键，问明明："你觉得阿赫

瓦里的比赛名次是多少？"

"是……最后一名吧？"明明有些迟疑地说道。

爸爸接着按下播放键：奥运成绩册公布，阿赫瓦里是75人中的第57名，排在他之后的18位选手，都是各种原因中途退场的。

正是心中那一份执着的信念，支撑着阿赫瓦里坚持到了终点。对于比赛本身而言，他并没有赢得胜利，但是对于他自己而言，他是一个胜利者，战胜了自己，履行了最初对自己的承诺，也赢得了观众对他的尊敬和认可。虽然他是第57名，但是相当于18位自行放弃比赛的选手而言，他也是胜利者，意志的胜利者。这种坚持到最后一刻的精神，就是每个人心中对于梦想和未来的执着。

看着沉默不语的明明，爸爸说道："不会，没关系。一个人做任何事情，都是从不会到会的，这有什么？多练练就可以了，只要你坚持不放弃，再大的困难也能克服。你将来进入社会，肯定还会在某个时候遇到很大的麻烦，解决的方法还是一样，那就是坚持到底！"

接下来的两天，爸爸从老师那里要来舞蹈动作的视频，每天放给明明，让他在屋子里练习。经过几天的熟悉，明明基本掌握了动作要领，明显自信了许多，再也没有提出要退出舞蹈班的事情。后来，明明如愿以偿参加了街舞比赛，还得了团体奖，开心得不得了。

从不轻言放弃，是一种发自内心的自信，这样的意志力已经升华为一种信仰。一个人如果拥有这样的信仰，就再也没有什么可以击垮他，再也没有艰难险阻可以令他放弃。每一个爸爸都希望孩子的身上能够具备这种坚不可摧的信心和信仰。古往今来的那些伟人，无一不是具有钢铁般意志和信念的人。在人生的道路上，我们都会给自己设计奋斗之路，也就是要认准人生奋斗的目标，一旦目标确定，就要全力以赴，以积极执着的态度完成各项工作，真正做到永不放弃。然而，人生之事十之八九不如意，一旦遇到失败、挫折，就需要我们做到不退缩、不动摇。失败并不可怕，可怕的是你被暂时的失败所击倒，从此一蹶不振。

要让孩子明白：努力虽然不一定会成功，但放弃一定会失败。坚持就是胜利，在最后一秒还未到来之前，结果永远是个未知数。这也是拼搏人生的魅力所在。每当你坚持不下去、想要放弃的时候，不妨告诉自己：一锹挖不成水井，成功需要积累，需要坚持。每一位成功者都知道，要想获得成功，就要有持之以恒、坚定不移的意志力。无论怎样的情况，都要能够有信心地坚持下去，无论结局是好还是坏，最起码比那些半途而废者强了太多，至少我们的人生不会有遗憾……

爸爸要努力把孩子培养成意志力坚强的人，这种永不放弃的意志是对人生目标的追求，是对人生事业的态度，是一种执着的精神，是孩子一生中最重要的品格和智慧。

在孩子受委屈时，正确地为他挺身而出

　　家长得知孩子受了委屈，应该选择用共情的方法和孩子沟通，坐下来，抱抱孩子，给他安全感。如果孩子发脾气或者哭泣，家长要接纳和理解，允许他适当发泄和释放。这不仅有助于孩子排解自己的负面情绪，还有一个更重要的因素，就是能帮助家长了解孩子究竟受了什么委屈，是否需要插手处理。毕竟孩子还小，很多时候，对于事情的理解以及处理能力有限，这时就需要家长站出来，做孩子的坚强后盾。

　　初中时，王超一开始是个顽皮的孩子，学习成绩不好，经常被老师批评。到了初三，原本顽皮的王超开始意识到考上高中的重要性，他不再贪玩，而是认真学习。在第一次月考中，他竟然考进班级前十名，这个成绩让所有人都惊呆了。因为跟之前的成绩相差太多，班主任老师首先表现出不信任的态度，在班级里当众询问王超是不是抄袭了。虽然王超否认了，但这件事还是给他带来很大的影响。

从那之后，许多同学在课余时间都起哄说王超的成绩是抄来的，给他起了难听的绰号，甚至传到了别的班级。王超心里很难受，虽然没有因此跟同学发生冲突，可是从老师到同学都表现出来的不信任，让他承受了很大的心理压力。

王超的父母发现王超的异常之后，并没有过多的关注，甚至在说起这件事时，还指责王超小肚鸡肠。这样的误解和歧视在王超身上一直持续了整个初三，即使后边他一直都考得很好，但身边一直有指指点点的声音，甚至有顽皮的孩子向他请教抄袭的"绝招"。一直到王超考上重点高中，他才渐渐摆脱这个困境。然而，这段经历给他带来的心灵创伤是长久的。正是这个原因，多年之后的他选择在网络上写下自己的经历，只是为了告诉大家，孩子在学校或者外边遭受委屈的时候，家长一定不要忽视孩子的感受，不但要尽量了解孩子的想法，还要坚定地站在孩子身后，做孩子的精神支柱。

小学三年级的蕾蕾生活在单亲家庭，一段时间不知道为什么突然闹着不去学校，爸爸认为是孩子的惰性和厌学心理在作怪，于是没有理会，依旧每天按时送蕾蕾去上学。过了一段时间，蕾蕾不再提不去学校的事了，每天正常上学、放学，只是情绪一直都很低落。蕾蕾的爸爸因为工作忙，并没有把这件事放在心上。

可是不久之后，孩子的姑姑发现，侄女脖子上出现了几个指甲抓伤的疤痕，膝关节上也有几处瘀青。姑姑意识到孩子可能在学校受了欺负，一开始询问蕾蕾，蕾蕾只是说，是自己不小心抓伤、磕伤的，后来在追问之下才说，是同学一直抢她的文具，还乱扔，她不同意，同学就打她。得知这一情况，蕾蕾的爸爸立刻来到学校，跟班主任说明情况，老师联系到那些孩子的家长，让孩子们在双

方家长的陪同下向蕾蕾赔礼道歉。

事后，蕾蕾的爸爸还是担心孩子的心结没有解开，便每天接送蕾蕾上学、放学，一直持续了半年。蕾蕾终于从阴影中走了出来，不仅上学的积极性大大提高，精神也不再紧张恐惧，有了几个新的好朋友，这时蕾蕾的爸爸才放下心来。

孩子假如在学校或者外边受到委屈，家长要第一时间对他们的情绪进行安抚，不要先质问。当孩子慢慢稳定下来以后，再引导孩子把事情说出来。年龄小的孩子在语言表达上有所欠缺，或者不敢表达，把委屈憋在心里，这就需要家长有更多的耐心对孩子进行引导。弄清楚事由之后，家长要明确表达出自己的立场是和孩子一致的，要让孩子知道自己会到学校与老师交谈，让事情得到公正的解决。

这个过程中，爸爸更要体现出坚强的家长角色，主动干预，挺身而出，挡在孩子身前，给孩子减压。这个过程中，一定不要让孩子觉得自己受委屈是自身的原因。比如，千万不要问孩子"他们为什么欺负你而不欺负别人？"而是对孩子说："被欺负不能怪你，有爸爸在，我们一起想办法好吗？"同时，还要学会用委婉的说法搞清楚孩子身上究竟发生了什么。如果孩子出于心理压力，不愿意说出自己遭遇了什么，可以换一种方式，如先给孩子讲自己的故事，或者别人的故事，目的是让孩子知道：爸爸一定是站在自己一边的。

带着孩子冒险，有爸爸照顾的孩子更勇敢

孩子喜欢冒险其实是与生俱来的天性。儿童教育专家发现，从6个月开始，孩子就会表现出尝试和冒险的行为，比如尝试通过自己的探索达到目的，而不是像之前那样哭个不停……另一方面，如今生活条件大大改善，大多数家庭把孩子视为掌上明珠，很多家长把孩子照顾得无微不至，不喜欢其他小朋友到家里来玩，也不愿意让孩子到外面去玩。这与孩子的冒险天性背道而驰。因此，如何对待孩子成长过程中的冒险天性，成为许多家长的育儿难题。

慧慧上小学三年级了。今年暑假，学校要组织夏令营，由老师带领学生到海边去看海、游泳。慧慧想报名参加，但是妈妈因为担心慧慧从未独自离开过家，独立照顾自己的能力差，不放心，不打算让她去，说要等到妈妈放假后，她亲自带慧慧去玩，慧慧为此非常不开心。

在慧慧的妈妈看来，反正都是去看海，都是去捡贝壳、游泳，

时间差不多都是一周，妈妈带着去还可以一路照顾，这有什么不好呢？可是从另外的角度而言，这样的"爱"却是扼杀了孩子的冒险天性。

虽然慧慧的妈妈的担心是有道理的，但夺走了孩子的一个锻炼机会。要知道，"独立照顾自己的能力差"，不正是由于一直缺少这样的锻炼机会吗？此外，孩子的社交天性决定他们需要和同龄人在一起。捡贝壳、游泳只是整个夏令营中的几个点，跟小伙伴们一起在大自然中冒险、释放天性才是孩子真正的快乐。

这也是很多像慧慧的妈妈一样的家长经常犯的错误。其实，放手不是冒险，而是让孩子通过种种实践机会，锻炼胆量和能力，从而也能学会防范危险。如果我们总是怕孩子出意外，保护得严严的，将来他真的遇到什么事，可能就没有能力和勇气应对。过度呵护也给孩子的安全留下隐患。

同样是三年级的小豪则要快乐得多，因为一到周末，他的爸爸就会带他去郊游。这天，小豪跟爸爸、爸爸的朋友们又来到一个郊野公园徒步，走着走着看到一棵大树。小豪一时兴起，想要爬树，爸爸笑了笑，默许了。小豪在树下仔细地看了一会儿，一开始显得有点笨拙地慢慢向上爬，好不容易爬上树的主干，却开始用脚去踩一条很细的枝干。眼看那条枝干就要被踩断，树下人的心快要提到嗓子眼了，小豪的爸爸却笑着说没关系，不用担心。很快，小豪就放弃了那条细枝干，继续向主干上爬，最终爬到一个结实的树杈上，得意地向大家炫耀自己的成绩。

小豪的爸爸的一个朋友对小豪爬树的过程很感兴趣，等小豪玩够了从树上下来之后问道："小豪，我看你在爬树之前在树下看了半天，你在找什么东西吗？""不是，爸爸之前教过我，要先考察'地形'，看看这棵树从哪个角度最容易爬上去。""你刚才是不是差点把那条小细枝干踩断，从树上掉下来呀？""不，我是在试探那个树枝的承受能力究竟有多少，不会掉下来的。"

小豪爸爸的这个朋友赞赏不已，称赞小豪是个勇敢又有头脑的小男子汉。其实，每个孩子都有一种没有任何理由就会冒险的特性。在这个过程中，如果爸爸能够起到引导的作用，指导孩子正确释放自己的冒险天性，孩子就能在保护好自己的同时，收获更多的知识。

小豪之前在爬树时，爸爸不仅引导他学会观察，还指导他总结了很多其他的知识。如果在小豪一开始爬树的时候，爸爸因为担心而加以阻拦的话，那么就失去了探索和锻炼的机会。因此，爸爸在适当的时候，带领孩子进行一些略带冒险性质的活动，可以增强孩子的自信心，培养他们探索陌生环境的勇气。

对于孩子来说，与生俱来的勇气会随着年龄的增长，以及接触更多、更复杂的东西而逐渐消磨。比如说孩子大一点儿之后，面对陌生人或在不熟悉的环境中时，很容易显得局促不安。当遇到不熟悉但认识的同学，有时候甚至会不好意思打招呼。而当一项新的任务摆在面前的时候，胆小退缩的人总是缺乏信心，认为自己可能无法完成这项任务，就会放弃或逃避，结果就比其他人少了很多发展机遇。

可以说，缺乏勇气是人们生活中的一大障碍，是成长、成功道路上的绊脚石。那么，爸爸一定要发挥自己的引领作用，通过言传身教，教会孩子如何踢开这块绊脚石，勇往直前地走在成长、成熟、成功的道路上。树立自信心是战胜胆怯退缩的重要法宝。胆怯退缩的人往往缺乏自信，对自己是否有能力完成某些事情表

示怀疑，结果可能会由于心理紧张、拘谨，将原本可以做好的事情弄糟了。爸爸要让孩子明白，如果做某些事的时候紧张，在做之前就应该为自己打气，相信自己有能力发挥正常的水平，然后只要努力就可以了。

一定要让孩子明白，不管什么时候，面对什么事情，一定不能因为害怕而丧失勇气，而要告诉自己"我一定能做到"，这就是成功者所必需的强大武器：信心。有了它，即使面对再复杂、再艰难的局面，也能够鼓起前行的勇气。

一旦孩子遇到困难挫折的时候，爸爸要让孩子学会对挫折进行积极的总结。认真地总结经验有助于激发孩子鼓起再次面对的勇气，增加他下一次取得成功的概率，帮助他克服害怕，树立信心。

当然，爸爸平时也必须抓住机会对孩子进行安全教育，让孩子在勇于冒险的同时学会照顾自己、保护自己。在这个基础上，要尽可能早地让孩子独立从事各种活动。一旦觉得可行，就高高兴兴地让他去做，毕竟这个世界上有太多的"第一次"需要实践和克服，要告诉孩子：无论任何时候，遇到任何事，他都应该扔掉心中的恐惧，鼓起勇气向前迈进，勇敢追求自己的梦想。

宽容随和，助人为乐，以身作则培养孩子的社会美德

一位哲学家说过："宽容和同情是正义的基础，谁满怀这种同情，谁就肯定不会伤害人、损害人，使人痛苦。如果能宽容地对待他人，宽恕他人，帮助他人，那么他必将是一个公正和正直的人。"这其实是宽容和助人为乐的体现。现实中，在崇尚个性自由发展的今天，有许多孩子得到了太多的关注和爱，却不懂得怎样关爱别人，甚至变得冷漠自私。这是所有家长都不愿意看到的。

刘生就发现自己孩子艺轩身上存在一个较大的问题，那就是没有同情心。这一天，刘生带着孩子去商场玩，走着走着，一个老人因为地滑，一屁股摔在地上，疼得直"哎呦"，怎么也站不起来。而这个时候，艺轩却在一旁笑得非常开心，还说道："真搞笑！"刘生听到之后非常生气，立刻训了艺轩一顿，并且跟其他人一起把老人扶了起来。

从人类社会的角度来说，同情心和助人为乐的精神是一个人应该具备的最基本的东西，每个家长都希望孩子成为有同情心、助人为乐的人，它其实也是善良的代名词。看到老人摔倒之后，应该上前搀扶才是，可孩子非但没有搀扶，还在嘲笑对方，显然是没有一点儿同情心。刘生也感觉到非常疑惑，为什么从孩子身上完全看不到同情心呢？

其实，孩子之所以没有同情心，最根本的原因就是他们不能感同身受。当孩子看到别人很可怜的时候，他们不会下意识地怜悯对方，而是把对方的所作所为当成一种笑话来看待。比如，看到别的小朋友摔倒了，他们会哈哈大笑；看到路边的蚂蚁，会毫不犹豫地踩踏；看到小花，会顺手采摘……这是什么原因造成的？作为家长，首先要从自身找原因。

心理学家说，孩子的很多行为和家长的行为有着密切的关系。家长如果对孩子一味地满足，一味地迁就，百依百顺，孩子就会容易养成自私、任性的性格。父母给孩子的爱应该是理性的、有原则的。对于孩子自私、任性的行为，一定要坚决制止。必要的时候，父母也可以表达出自己的生气和不满，让孩子感到自己这样做得不到肯定和赞扬。当孩子体会到这点以后，才会意识到关心他人会受人称赞，是自己应该去做的事情。

而且，这类孩子身上还存在一个更大的缺陷，那就是常常以自我为中心，从来不考虑别人的感受。不论是在怎样的场景下，这些孩子所展现出来的样子都是相同的，会忽略身边的人。有些父母即便再怎么跟孩子讲道理，也于事无补，因为孩子意识不到自己的问题所在。

那么，什么样的方式最有效呢？不妨来看一个小故事。

在美国东部一个风雪交加的夜晚，推销员克雷斯的汽车坏在了冰天雪地的山区。野地四处无人，克雷斯焦急万分。因为如果不能离开这里，他就会被活活冻死。这时，一个骑马的中年男子路过，他二话没说，就用马将克雷斯拉出雪地，拉到一个小镇上。当克雷斯拿出钱对这个陌生人表示感谢时，中年男子说："我不求回报，但我要你给我一个承诺。当别人有困难时，你也要尽力帮助他！"

在后来的日子里，克雷斯帮助了许多人，并且将那位中年男子对他的要求同样告诉了他所帮助的每个人。很多年后，克雷斯意外被一场洪水围困在一个小岛上，一位少年帮助了他。当他要感谢少年时，少年竟然说出那句克雷斯永远忘不了的话："我不要求回报，但你要给我一个承诺……"克雷斯的心里顿时涌起一股暖流。同情心和善意是无价的，它不需要回报，却可以在人群中无限传递，温暖每一个人。

同情心是分担和感受别人忧伤的一种能力，是对是非观点提供支持的一种非常关键的情感。孩子有了同情心就能增强对别人想法的理解，能够更深入地感受到别人的痛苦、困难。这种感受可以让孩子更宽容，更能理解别人的需要，并在别人有困难的时候主动想到帮助别人。

父母要经常告诉孩子关心他人，助人为乐，或者是利用生活中的事例教育孩子。比如遇到一位盲人在拉二胡乞讨，不妨跟孩子说："你看他多可怜呀！大家都在帮助他，你是不是也应该帮帮他呀？"

在培养孩子宽容和助人为乐方面，家长要从自身做起。有些家长对别人的困难和不幸总是无动于衷，他们不欣赏也不理解孩

子的同情行为，怪他多管闲事，久而久之，孩子也就感受不到人间珍贵的友情，同情心就这样在无形之中被扼杀了。对于孩子来说，家长是他们最早的模仿对象，这种宽容和助人为乐精神的发展最需要父母的言传身教。由于孩子的年龄小，模仿性强，具有高度的可塑性，所以，一方面家长要培养孩子文明礼貌的行为习惯，另一方面也要提高自身的修养和素质，为孩子树立良好的榜样。

此外，爸爸也要尽力避免简单的言语说教方式。因为爱心、同情心等情感的培养渗透在生活的各个环节，要创设一个能让孩子感受到接纳、关爱和支持的良好环境，同时坚持正面教育，将情感培养渗透在生活中，并坚持长期一贯的做法，不轻易放弃。

第八章

好爸爸科学陪玩，"熊孩子"轻松赢下未来

　　科学地陪孩子玩，才是最有价值的陪伴。这就要求爸爸们在育儿时多陪孩子玩耍、做游戏，让孩子玩得开心尽兴，也要认真、正确地教他玩，带他玩，让孩子学会科学地玩，玩得更丰富。爸爸成为会陪玩的"智慧型玩伴"，孩子才能在游戏中越玩越聪明，轻松赢下未来。

每个孩子都贪玩，关键是爸爸教他怎么玩

孩子贪玩，是一个令所有家长都感到头痛的问题。其实，爱玩是孩子的天性，是他们对周围世界感到好奇的行为表现。事实上，孩子往往是在玩耍中学到知识、加深对客观世界认识的。哈佛大学著名儿童心理学专家组成的"发现天赋少儿培育计划"课题组，在对世界各地近3000名10岁以下儿童进行跟踪调查后发现，在被认为聪明过人的孩子里，87%有"强烈的好玩之心"。

所以生活中，如果我们看到哪个孩子只知道学，却不喜欢玩、不会玩，只能说他父母的教育方式出了很大问题。

不喜欢玩的孩子沉闷呆板，对一切都没有兴趣，他们很难对这个世界产生好奇心，更没有机会增强自己的求知欲和探索欲，时间长了，动手、观察、探索等能力自然无法得到发展。

相反，如果一个孩子贪玩、会玩，他就具有优秀者的特质。这样的孩子比其他孩子更活泼、聪明，更容易产生求知欲和好奇心。在玩乐中享受快乐的同时，孩子还可以完善自己的个性，找

到自己的兴趣爱好，不断地提高自己的能力。

畅畅是一个非常贪玩的孩子，每天放学后都不愿意回家，不是拿着网子在公园中捉虫子，就是和几个同学到处疯跑。即便回到了家，他的心思也很少在学习上，喜欢捣鼓他的那些玩具，还时常做一些小风筝、小"捕虫器"之类的玩具。

畅畅的头脑确实够聪明，只是没有把精力放在学习上，只想着玩耍，所以学习成绩平平。在最近一次升学考试中，他在班级的排名已经落到中下游。这让畅畅的爸爸妈妈对他的贪玩行为非常恼火。为了让孩子提高学习成绩，改掉贪玩的坏习惯，爸爸专门找他谈了一次话，还给他制订了学习计划，没收了一些玩具。

这并不能阻止畅畅贪玩，他还是能想出很多鬼点子。爸爸要求他放学立即回家，他就找机会"溜号"，和同学在学校或是公园中玩耍；爸爸没收了他的玩具，第二天他又做出一些其他工具；爸爸建议他报一个课后辅导班，他却报了"航模"班……

爸爸妈妈担心孩子没有办法考进重点中学。可是老师的话却让他们改变了想法。老师说畅畅贪玩，这并不是太大的坏事，虽然他的成绩一般，但动手能力和思维能力却是一流的。尤其是参加了"航模"兴趣班之后，制作航空模型的水平在学校出了名，学校还准备推荐他参加市里举办的中小学航模制作比赛。

由于天性使然，我们很难找到一个不爱玩、不贪玩的孩子。爸爸只要能够给予孩子正确的指导，让孩子科学地"玩"，在玩耍中学习知识，增长见识，孩子就可以玩出名堂、玩得出色。更何况孩子的学习，又不只有课本而已；孩子学习的目的，又不只是成绩排名。

幸好畅畅的爸爸尽早明白了这个道理，他不再强硬地阻止孩子玩耍，而是给予孩子充分的自由。只要畅畅不玩得太出格，完全耽误学习和生活，他就不会有所限制。另外，他开始鼓励孩子玩各种航模，还专门给孩子请了指导老师。结果，畅畅制作的航空模型不但在学校和市里获了奖，还多次参加全国比赛，获得全国大奖。

父母之所以限制孩子玩，是害怕孩子因为贪玩而耽误学习。这个想法，我们都能理解，可要知道，玩也是孩子成长过程中的一部分，陪孩子玩也是亲子教育中最重要的一环。在家庭教育中，让孩子感受玩的乐趣，在玩耍中认识世界、探索世界，学习生活中所需要的知识，才是我们最应该做的。

所以，一些爸爸应该改变自己的教育方式了，尊重孩子爱玩的天性，化堵为疏，积极引导孩子科学地玩、科学地学。

在孩子玩耍的过程中，爸爸可以培养孩子的兴趣爱好，让孩子在玩中学、学中玩。比如，孩子喜欢捉虫子，爸爸可以引导孩子认识各种虫子、蝴蝶、鸟类，看看它们有什么特征，有什么相同和不同的地方，让孩子对探索和认识这个世界产生兴趣。

在孩子玩耍的过程中，爸爸可以引导孩子积极思考，开拓思维，培养孩子思考问题、解决问题的能力。比如，孩子喜欢玩玩具，爸爸可以引导孩子思考汽车玩具为什么会行驶，航模是如何组装的，机械运动是如何形成的……

同时，玩也可以增长孩子的视野，扩大孩子的眼界。比如，孩子喜欢到野外玩，爸爸可以带孩子去旅行，见识这个世界的魅力。

因此，爸爸们要给孩子玩的空间和自由，让孩子能够科学地玩、科学地学习。

智慧陪玩，让孩子玩得更丰富、更聪明

想要成为一个好爸爸，仅仅多陪玩还不够，还应该懂得如何科学、智慧地陪玩。

陪孩子玩，也是有学问的。比如，不同年龄段的孩子，玩法不一样，玩不同的游戏对于身体、智力、能力的锻炼与提高也不一样。换句话说，不同年龄的孩子，适合玩的游戏或玩耍的内容是有差异的。瑞士著名儿童发展心理学家皮亚杰通过多年观察发现，2岁左右的孩子喜欢做各种重复的动作，如一次次搭好积木，又一次次把积木推倒；一遍遍推着小车来回走；重复摆弄手中的小汽车，并且乐此不疲……这时候，爸爸要陪孩子玩这些简单、重复性的小游戏，要有耐心。如果急于让孩子玩复杂的游戏，或是急于提高孩子的各种能力，不仅不会让孩子玩得开心，还可能阻碍孩子的成长。

孩子到了四五岁时，喜欢玩"过家家"游戏，或是模仿游戏，同时这个阶段的孩子处于语言、模仿、秩序等敏感期，这时候爸

爸陪玩时，需要了解孩子的兴趣、能力发展的需要，陪孩子玩得尽兴，同时把玩当作契机，帮助孩子实现各种能力的提升。

有个爸爸很会陪孩子玩游戏，为了促进孩子语言发育，让孩子乐于交流、提高表达能力，从 1 岁左右就陪孩子玩各种小游戏。孩子 1 岁时，爸爸时常和孩子玩扮鬼脸游戏，冲着孩子吐舌头，引导孩子发出咿咿呀呀的声音。2 岁左右，爸爸教孩子唱儿歌，给孩子讲故事，然后录下孩子的声音，过一段时间再把录音放给孩子听。这不仅让孩子愿意发声、表达，更锻炼了孩子的听觉。等到孩子 3 岁之后，这个爸爸开始通过猜谜语、神奇的盒子的游戏提高孩子的想象力和语言表达能力。

孩子最喜欢的游戏就是神奇的盒子。爸爸准备一个盒子，放进去一些零食、玩具、水果、生活用品等，用一块布把盒子蒙上，然后让孩子伸手去摸。摸的时候，孩子要描绘物品的形状、软硬度和特征，最后猜它是什么东西，猜对了有奖励，猜错了就要受到小惩罚。

这位爸爸做到了科学陪玩，孩子的语言能力得到很好的发展，孩子进入小学后更敢表达、更会表达，人际交往能力也非常强，受到老师与同学们的喜爱。

陪孩子玩要时，爸爸们要以孩子为主，多给孩子自由选择的空间，让孩子决定玩什么、怎样玩，不能孩子想玩跳棋你却说："这没意思，要玩就玩象棋，象棋是……"不能居高临下地指责孩子"这个游戏不是这样玩的，你玩得不对""真笨，教你半天都学不会"……

默默所在的幼儿园在"六一"儿童节时要比赛"萝卜蹲"，可默默不会玩这个游戏，于是请爸爸教她玩。她说好多小朋友已经学会了，都是爸爸教的。爸爸立刻答应下来，并且在晚饭后与妈妈、默默玩起这个游戏。

游戏前，爸爸让每个人按照萝卜颜色想一个名字，爸爸是"红萝卜"，妈妈是"白萝卜"，可默默却说自己叫"胖萝卜"。爸爸开口说："你的名字不对，不是说要按照颜色来嘛！你穿粉衣服，就叫粉萝卜吧！"默默说自己就喜欢"胖萝卜"，却遭到爸爸的拒绝，让她必须遵守规则，默默只好委屈地答应了。

接下来，爸爸说了游戏规则，让默默跟着做了一遍。游戏正式开始，默默多次出错，没一会儿爸爸就失去耐心，不耐烦地说："你怎么还没学会？！这么简单的游戏，你不是说错就是犯错，只能说明你太笨了！"

这下默默委屈地哭了出来，大声喊道："我讨厌爸爸，再也不要和爸爸玩游戏了！"后来，默默在幼儿园学会了"萝卜蹲"这个游戏，之后却真的再也不愿意和爸爸玩了。

孩子一时间学不会，本就有挫败感，再受到爸爸的批评与指责，信心就会大受打击。因此，爸爸们要记住，即便孩子没弄懂规则，或是一时学不会游戏，也不能批评、嘲笑。同时，玩游戏，规则重要，但是快乐更重要。而且很多时候，做游戏本就没有对错，孩子按照自己的想法去玩，玩得尽兴，爸爸开心地陪玩就好了。玩得多了，或是孩子长大了，自然可以懂得规则，并且越来越得其法。

当然，陪孩子玩游戏，爸爸们要给孩子自由，但这不表示任其发展。陪孩子玩的过程中，爸爸们要做一些事情，给孩子提供一些玩具，有针对性地带孩子玩，让孩子玩得更丰富，让游戏更高级。

孩子喜欢玩汽车，不要只提供一种汽车玩具，或是只陪孩子玩赛车游戏。让孩子拥有不同种类的汽车，与孩子一起用积木、乐高搭建汽车模型，可以让孩子的大脑得到更丰富的刺激，还可以提高孩子的动手能力和想象力。

孩子喜欢玩"过家家"，爸爸们可以创设一些生活情景，让孩子做小厨师，准备精致的小厨房、餐具、食物，按照大人平时做饭的流程与孩子一起玩耍。为两三岁的孩子，可以准备厨房玩具；为三四岁的孩子，可以准备真的厨具、餐具与食物，让孩子做简单的食物，如水果布丁、迷你小蛋糕等。孩子上手操作，爸爸在一旁打下手，主要做一些如开火、加热、切菜等不适合孩子做的事情。

爸爸们还可以引导孩子把游戏与生活结合起来。比如，搭好积木后，引导孩子寻找与积木形状相同的事物，或是按照生活中的事物来搭积木；玩拼图游戏时，可以让孩子到郊外寻找树叶、石头制作成拼图；让孩子发现新玩法，把购物游戏、做饭游戏、吃饭游戏结合起来，引导孩子认知蔬菜或肉是从哪里来的、在哪里买的，如何挑选、称重、付款，如何烹饪、味道如何。这一过程中，还可以引入计算、分类、比较大小等游戏，让孩子的游戏变得更有趣。

在孩子大一些时，爸爸们还可以陪孩子玩科学游戏，做一些简单却奇妙的科学小实验，给孩子上一堂科学教育课。

可以说，游戏是孩子快乐的源泉，是孩子成长的助力。爸爸们应尊重孩子的想法与自由，带着孩子玩得尽兴、玩得丰富，这样孩子和大人才能都受益良多。

寓教于乐，好爸爸让孩子自己爱上学习

孩子上学之后，父母都希望他能爱上学习，学习越来越好，比其他孩子聪明、优秀。特别是升学压力变大、择校变得更难之后，很多父母更加焦虑，希望孩子学习好、拔尖的愿望更加强烈。

于是，"鸡娃"出现了，"虎爸虎妈"也出现了。不少家长苦恼自己孩子的成绩不理想，每天盯着孩子学习，不容孩子放松一刻，甚至想尽办法强制、逼迫孩子学习、学习、再学习。在他们看来，不紧张起来，孩子就会懒惰；不施加压力，孩子成绩就会下降，自然没有未来。事实上，鸡娃、强迫孩子学习只会适得其反，让孩子的压力越来越大，然后产生厌学情绪。当厌学情绪产生，那么父母再着急也是白搭，再紧盯也是无济于事，还可能压垮孩子。

要知道，学习最重要的是兴趣。对学习有兴趣，爱上学习，孩子才能在轻松愉快中去学习、去努力，享受学习的乐趣并取得好成绩。孔子说："知之者不如好之者，好之者不如乐之者。"

程颢这样解释："学至于乐则成矣。笃信好学，未知自得之为乐。好之者，如游他人园圃。乐之者，则己物尔。"这就是告诉我们，懂得学习的人不如爱上学习的人，爱上学习的人不如以学习为乐、享受学习乐趣的人。享受学习的乐趣，才是学习的最高境界。

这也告诉爸爸们，不能强迫孩子学习，不能把学习变成孩子枯燥无味的任务或者迎合父母、满足父母愿望的痛苦煎熬。教育孩子，寓教于乐才是王道，让孩子爱上学习并享受乐趣才是促进学习高效、有大成效的最佳方式。

寓教于乐的"乐"有两层含义：第一层，家长把学习融入孩子的兴趣，尽量让学习变得有趣，或是让孩子在游戏、玩乐中学习；第二层是通过兴趣的激发，让孩子爱上学习，乐在其中，体会学习的乐趣。简单来说，就是在愉快中乐于学习，在学习中享受乐趣。

所以，发现孩子学习成绩不好，或是不爱学习，不如从自身找原因，看自己是否过于"鸡娃"，执着于"苦教"，一味强迫孩子"苦学"。若是发现事实如此，就应该做出改变。

14岁的聪聪，人如其名，是个很聪明的孩子，学习成绩一直很不错，始终名列前茅。升入初中后，聪聪的学习积极性和劲头也不错，成绩稳定排在前5名。这让聪聪父母很高兴，认为孩子升入重点高中没有什么问题。

可是到了初二上学期，聪聪对于新增加的物理课程毫无兴趣，不愿意听课，也不愿意完成作业，成绩时常不及格。父母很是着急，但是批评也批评了，训斥也训斥了，妈妈还给他报了培训班，结果依旧没有用。

一次，聪聪的爸爸在某地出差，发现这里有一所光影体验馆，通过光影的变化还能看到一些物理现象，让人们可以直观地认知一些物理现象与原理。聪聪的爸爸心想：在这里让孩子上一堂奇妙的物理课，是不是就可以激发他的学习兴趣，让他爱上物理学习了呢？

于是在那个周末，聪聪的爸爸特意带着孩子来到这所光影体验馆，让他亲身置于光与影之中，体验光是如何传播的，路径是怎样的；走进"爱迪生实验室"，了解电灯的原理，聆听爱迪生发明电灯的故事。

之后，聪聪的爸爸还带着他参观了本市的科技馆物理展厅，让他了解力与机械、电与磁。其实，聪聪小时候也来过几次科技馆，但当时只是"纯玩"，这一次他才真正发现其中的神奇与奥妙。在科技馆，聪聪做了很多实验，发现课本所学的知识立刻变得立体起来。

聪聪对于物理有了好奇，想要多了解一些，尝试着认真听讲，没过多久，对于物理的兴趣有了，学习也积极了。这个过程中，聪聪的爸爸不断地激起孩子的好奇心与新鲜感，引导他进行思考和观察。比如，学习"光的折射"时，他会让聪聪找来老花镜，透过老花镜看远处的物体，用装满水的圆形杯子看电视，还把筷子插入水中看它如何在分界处弯折……兴趣的激发，让聪聪乐于学习物理，并且以物理学习为乐。如此一来，提高学习成绩自然不在话下。

学习的过程是艰辛的，也是快乐的。在愉快的学习中，孩子的成绩得到提升，智慧得到启迪，同时享受到满足感与成就感。这就是寓教于乐的核心。因此，一个好爸爸，应该做的是寓教于乐，正确地引导孩子，让他爱上学习、享受学习的乐趣。

如果孩子比较小，家长可以尝试把要学的东西放入游戏，或是在游戏中添加学习内容。蒙特梭利就曾经利用拼图游戏激发孩子的学习兴趣。孩子对于拼图游戏有一种天生的好奇，即便那些不爱看地图的孩子，也会兴致勃勃地把打散的地图拼凑起来。所以，蒙特梭利把世界地图做成拼图，通过与孩子玩拼图游戏，激发他学习地理的兴趣，也让他爱上了地理。

当孩子长大了，如果学习不积极，或是学习成绩不好，爸爸们可以从某一个角度出发，刺激他爱上学习。如设置各种情景，让孩子在情景中了解所学的东西；找到孩子的一个闪光点进行赞美，如孩子的文笔不错，可以对他说"你的语言很有灵性，让我感觉舒服"，这便可以激发孩子学习语文的兴趣；也可以像聪聪的爸爸一样，让孩子了解某一学科，发现它的神奇与乐趣。

除此之外，孩子大多喜欢争强好胜，当他不爱学习时，也可以刺激他挑战自己。当孩子的热情被调动起来，之后的问题就容易解决了。

角色扮演，亲子互动中激发孩子的未来领导力

我们时常看到孩子玩角色扮演游戏。男孩扮演警察、动漫中的超级英雄（奥特曼、蜘蛛侠）、威风凛凛的大将军；女孩则扮演妈妈、老师、医生。同时，孩子还会要求父母配合自己，扮演被抓的小偷、被打败的怪兽、被指挥的士兵，以及宝宝、学生、病人等。在游戏中，孩子有模有样，沉浸其中，乐此不疲。

令人遗憾的是，很多爸爸不愿意配合孩子，觉得孩子就是胡闹，这样的角色扮演游戏是幼稚可笑的。是的，在大人眼中，孩子的行为太过于幼稚，实际上这是孩子想要探索大人世界的开端，是孩子认识大人世界的一面镜子。它是孩子通过想象、模仿现实生活中的各种人物和活动，进而认识自我、他人以及生活，对于孩子之后的成长有很大的帮助和影响。

在游戏中，孩子学习父母、动漫中的英雄、生活中的医生、警察的言行，懂得什么是善、什么是恶，明白如何解决问题、做事情，知道如何处理人际关系，这对于孩子观察力、思维力以及

领导力的培养都有很多好处。

所以，别小看孩子的角色扮演游戏，也别拒绝配合。爸爸们若是能积极参与进来，并且适当地给孩子一些意见，为孩子创造一些特有情景，就可以让孩子在玩中掌握很多知识、技能，同时培养孩子好的性格与品质。

小刚是个漫威迷，非常喜欢蜘蛛侠、钢铁侠、美国队长、绿巨人这些角色。每一部《复仇者联盟》上映时，他都央求爸爸带着自己去看，而爸爸也满足他的要求。平时小刚喜欢看漫威漫画，收集了很多人物角色的手办，而他最喜欢的就是穿着这些服装进行角色扮演。

小刚平时最喜欢扮演美国队长，穿上服装，拿着盾牌，与一些坏人战斗。很多时候，小刚还邀请爸爸加入，要求爸爸扮演不同的角色，如蜘蛛侠、蚁人、雷神等队友，或是红骷髅、毒液、灭霸等反派角色。每次爸爸都欣然答应，有时跟着小刚一起冲锋陷阵，有时与小刚对抗。

开始爸爸也不理解小刚为什么喜欢美国队长，他并不是复联中最厉害的角色。小刚却说："我觉得他很不一样，聪明、有耐力，而且从来不服输。"爸爸很是欣慰，对小刚说："孩子，你说得很对。这都是他身上的好品质，而且我觉得还有一点，那就是领导力。他能带领大家一起去战斗。"

与同事聊天时，小刚的爸爸谈起给孩子买各种漫威人物的手办、陪孩子一起玩角色扮演游戏的事情，同事不解地表示："买一些玩具还可以接受，你怎么有耐心陪孩子做这样的游戏呢？我家孩子也喜欢扮演各种角色，也想要让我配合，我可没有那个闲心和他一起胡闹！"

　　小刚的爸爸说："你这就不对了！这个游戏是最神奇的，不仅让我们和孩子一起度过美好的时光，还可以让孩子学到很多东西，掌握很多能力。你可不要错过这个好机会！"

　　同事若有所思。接着，小刚的爸爸讲了小刚的变化。

　　与爸爸谈过话之后，小刚更喜欢美国队长这个人物，更喜欢扮演这个角色，而且还潜移默化地学到角色身上的勇敢、忍耐、不服输的品质。与小朋友一起玩游戏时，小刚也表现出一种领导力。比如，小朋友不知道怎么玩游戏时，他总是能站出来，提出几个想法让小伙伴选择；两个小朋友因为小事争吵起来，小刚总是能让两人化解矛盾，握手言和；邻居老奶奶的宠物猫丢了，大人们帮着寻找，小刚也召集一起玩耍的小伙伴，加入寻找的队伍……

　　最后，小刚的爸爸说："我们平时陪孩子玩，耐心是重要的，当然科学地陪也是重要的。孩子喜欢模仿，喜欢角色扮演，这其实不是简单的游戏，只要我们能在互动中给予孩子激发与引导，他们就可以学会很多。"

　　爸爸们需要知道，游戏与娱乐是孩子的童年，也是孩子探索与成长所必需的。同时，爸爸们要积极加入孩子的游戏，并且在游戏中模拟冲突，引导孩子解决问题；模拟困难与危险，教会孩子勇敢、顽强、自信；模拟各种生活情景，让孩子用不同的角度看待世界，体会不同人的生活与思想。

　　角色扮演，就是让孩子换位思考。

　　这不只是游戏，也是恰当的教育方式。

认真陪玩益智游戏，培养孩子的思维逻辑能力

游戏是孩子交朋友、体验生活以及探索学习的重要方式，也是锻炼体力、智力以及各种能力的有效方法。与孩子一起玩各种各样的游戏，尤其是那些益智的亲子小游戏，就是带给孩子快乐、知识与能力。

对于处于智力发展敏感期的孩子来说，一些益智小游戏如搭积木、纸上迷宫、填色、数独游戏等，真的很锻炼大脑，可以很好地提高孩子的思维敏锐性，进而更好地发展智力。所以，每一个爸爸都要和孩子一起玩起来，认真、用心地与孩子做游戏。

不过，很多爸爸不愿意陪孩子玩游戏，也不知道如何正确陪孩子玩游戏。很多爸爸名义上是陪孩子做游戏，结果只是站在大人的思维上：与孩子一起搭积木，随便搭几块就算完成了，或者要求孩子搭成这样那样；与孩子一起玩纸上走迷宫，对孩子说："你应该从入口进入，然后想办法从出口走出来。好了，你试试看！"然后就让孩子独自玩耍，自己在一旁看手机。

爸爸不能正确地陪孩子玩游戏，再好玩的益智游戏，孩子也没有一点儿兴趣，更不要说激发智力了。时间长了，孩子不仅对游戏产生反感，也对爸爸产生排斥。相反，如果爸爸认真地陪孩子玩益智游戏，并且借助游戏引导和刺激孩子，孩子就可以得到更多快乐，还能提高智商与情商。

11岁的齐涵参加了学校组织的夏令营。夏令营中有很多游戏，而齐涵最喜欢的是走迷宫。第三天，老师便组织孩子们走迷宫，并把大家分成两队，看哪一队先找到出口。同学们都跃跃欲试，高高兴兴地冲进入口。

可是迷宫并不好走。没多久，齐涵的那支队伍就迷路了。几个孩子盲目地乱走，发现多次回到原地后，干脆坐在地上不走了。这时候，齐涵站了出来，说："大家不要着急，走迷路就怕着急，也怕盲目地走。想要找到出路，我们应该注意路上的细节，如树木的形态、地上的石头、天上的云朵等，一边观察一边走，就不会走重复的路。走错了也没关系，把错误的那条路做上记号，然后再尝试另一条新的道路，自然能找到出路。"

听了齐涵的话，同学们都振作起来。接下来，齐涵又说："虽然我们被这些围墙挡住视线，看不到外面的情景，但是根据太阳的位置和天空中的云朵以及远处那栋建筑，还是能判断出大致的方位。我们是从东面的入口进来，那么出口就在西方。根据太阳的位置，那个方向就是西方，根据树冠的茂密程度，那个方位是南方……"

齐涵不紧不慢地分析着，同学们也开始提起精神，一边走一边开动脑筋，没多久，大家就走出了迷宫。齐涵和小伙伴胜利了，比另一支队伍整整快了20多分钟。事后他们才知道，对方进入

迷宫没多久就崩溃了。他们分成几个小队，自己走自己的，这条路不通就换另一条，那条路回到原点就又换一条。几个人盲目地乱走，在原地绕圈圈；几个人绕晕后干脆放弃，最后费了好大劲才走出来。

同学们都称赞齐涵，问他为什么如此经验丰富，齐涵则说："因为我小时候爸爸时常陪我玩纸上迷宫游戏，之后也到游乐场走过真的迷宫。不过，我走的那些迷宫比较小，所以一进入这个大迷宫也懵了，但是我记住了爸爸教我的如何辨别方向、根据细节找出路的方法。"

没错，在齐涵小时候，爸爸很喜欢陪他玩走迷宫游戏，因为他认为这可以提高孩子的空间能力、观察能力、思维逻辑以及应变能力。

玩游戏时，爸爸会让他专注路上的细节，观察哪里有树木、路灯、旗子，哪些岔路口印着小动物、卡通人物，记下这些细节，然后分析哪条路已经尝试过，让他从迷宫全局来观察，了解迷宫的几何构成，发展空间思维力，还让他找出不同的路线，看哪条路线最近、最优。同时，爸爸引导齐涵发展逆向思维——从出口入手。

一次，齐涵找到一个超级复杂的迷宫，尝试了很多次都没能走通。他专心研究时，爸爸没有出声，等到齐涵投来求助的目光时，爸爸才出声说："其实，你可以换个角度，从出口开始走，或许有不一样的结果。"尝试之后，齐涵果然成功了。他惊呼道："爸爸，这真的很神奇！从出口往入口走，真的很快就找到了正确的路！看来，我之后要学会用发散思维了。"

陪齐涵玩真实的迷宫游戏时，爸爸把主动权交给孩子，让他认知和体验空间、观察和辨别方向，极大地锻炼了他的空间感和方向感。迷宫游戏中有很多岔路陷阱，现实中的游戏要比纸上游戏更容易让孩子迷茫，这时候，齐涵的爸爸会引导他在每个路口收集线索找到正确的方向。当孩子着急时，爸爸也会给予鼓励，让他恢复信心。当然，齐涵真的陷入"死胡同"，爸爸也会巧妙地提醒，让他经过思考后找到正确的路径。

　　齐涵的爸爸是个聪明的家长，因为有了他认真、正确地陪玩与引导，齐涵的各种能力都得到发展，智力与情商也高于他人。所以，如果你是一个好爸爸，一定要做支持孩子玩游戏的爸爸，也一定要学会认真地陪孩子玩好游戏。

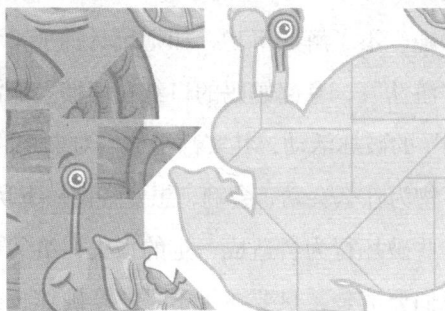

孩子"搞破坏"，爸爸别起急，因事激发孩子创造力

每个孩子天生就会"搞破坏"，每个父母都需要面对随时发生的破坏行为。尤其是男孩的爸爸，在孩子 5～8 岁这段时期，几乎每天都要面对专爱"搞破坏"的臭小子。于是，有的爸爸愤怒、崩溃、抓狂，每每都板着脸把孩子训斥一顿，甚至扬起巴掌。效果怎样？孩子屡教不改，只是把正大光明变成偷偷摸摸。但是，有的爸爸则一副风轻云淡的样子。不仅如此，这些爸爸还支持和鼓励孩子，让孩子在"搞破坏"中开启大脑智慧。

后者知道孩子为什么喜欢"搞破坏"，因为孩子天生有好奇心，想要探索感兴趣、不了解的事物，如把玩具拆了又装上，让会说话的娃娃去"游泳"，拿起妈妈的口红在墙壁上涂涂画画。这些看似"恶作剧"的破坏活动，其实都是他们对事物的研究与探索，想要看看这事物为什么会动、会响，想要尝试一下玩具的新玩法。

当然，这些破坏行为会造成一定的损失，给父母带来一些麻烦。但是，我们要清楚，只要孩子不是故意破坏，或是任性地发泄情绪，父母就应该用孩子的视角来看待这些破坏行为，学会包容与引导，把这种好奇心、探索欲引导为想象力与创造力。

好爸爸不起急，不限制，因事引导，那么孩子喜欢"搞破坏"，就可以变成好事。

朱彦臻是一个小发明家，从7岁就开始发明一个个神奇的事物，并且获得了国家发明专利。7岁时，他发明了一种台灯灯具，结果获得国家专利；10岁时，他发明了一款带有儿童娱乐和自发电装置的自行车，获得国家实用型专利；11岁时，他发明了一种空调冰凝水加湿器，并且开始从事太阳能台灯的发明；13岁，他参加广东省青少年创新大赛，发明了高速路新型无卡智能放行装置，获得了三等奖；14岁，他对人们说"我想造一枚火箭"，这是他的梦想，而且不止一次提起这个梦想。他还说："（我的火箭）不用飞很高，只要到两万米的高空就好。我想让火箭拍下地球的样子，那一定很美。"

对于很多家长和孩子来说，朱彦臻是一个神童，是一个非常出色的少年发明家。自然，很多家长希望自己的孩子能像他一样出色，取得成功，同时也渴望知道朱彦臻的父母是如何培养孩子的。

其实，朱彦臻之所以能发明这么多东西，就是因为从小就喜欢动手动脑，而父母也支持和鼓励他动手动脑。小时候，朱彦臻很淘气、爱折腾，尤其爱拆东西、"搞破坏"。他总是拿着小螺丝刀拆家里的玩具、电器，把它们拆得七零八乱。他还曾经用螺丝刀把家里房门的螺丝一颗颗地拧下来。

面对他疯狂"搞破坏"的行为，父母没有阻止，更没有打骂，反而鼓励他把拆掉的东西组装好。当然，当他遇到难题时，爸爸也会给予帮助和指导。所以，不管玩具和小家电多难装，他都能

摸索着装好。

不得不说，朱彦臻在动手上有天赋，思维力和创造力也非常强。但是如果没有父母的支持和引导，他大脑中的智慧与灵感也无法得到启发。

大一些时，朱彦臻开始搞发明。一开始，他琢磨剪纸，用白纸和剪刀制作电视机、空调、打印机等模型。制作出打印机后，他还模仿打印机的操作原理，把白纸放进去打印，竟然还真的打印出一幅画来。后来，他开始在小汽车上安装电机、太阳能板、蓄电池和开关等零件。就这样，朱彦臻的发明之路一发不可收拾。

"搞破坏"，让孩子成为小小发明家，这听着似乎有点不可思议。我们承认，朱彦臻有这样的天赋，但不是所有的孩子都有这样的天赋。然而，我们必须承认，爱"搞破坏"的孩子，思维力更强，动手能力更强，且更具有创造力。

苏霍姆林斯基说过："儿童的智慧在他的手指尖上。"所以，面对爱"搞破坏"的孩子，爸爸们要站在孩子的角度，观察他为什么要搞破坏，发现孩子是出于好奇心和探索欲时，就应该满足他的探索欲望，并想办法把这种破坏行为转变为研究行为。如此一来，孩子的手指尖就会变成开启创造之门的钥匙。

"搞破坏"存在于各个年龄段，不管是幼儿园、小学还是初中阶段，并且随着孩子年龄的增长，他的破坏力变得更强，他也更大胆。爸爸们除了给予支持和鼓励外，想办法让他在实践中创造新的想法，好爸爸还应该在爱的基础上制定规则，明令禁止破坏珍贵、有特定价值的东西，或是为孩子设置一个探索空间，准备一些可以破坏的玩具、生活用品。在这个空间内，孩子可以为所欲为，大人不去参与，不去干扰。

　　当然，爸爸们还需要让孩子远离危险，避免触碰一些危险的事物，告诉孩子碰了之后会有什么后果。比如风扇、电磁炉这些电器，在运转的时候是不能拆卸的，否则很容易发生危险。若是孩子知晓危险后依旧想尝试，就应该给予严厉惩罚，让他引以为戒。

　　此外，在这个过程中需要培养孩子的责任感。当孩子拆掉玩具、弄坏一些电器之后，告诉他自己想办法为"闯下的祸"善后。孩子能修好这些东西，必须要求他修好；孩子不能修好的，爸爸可以给予帮助，或是带他寻求专业人士的帮助。重要的是，要让孩子在这个过程中被启发出更多的探索欲和创造力，还要引导他在成长中学会责任和担当。

加入孩子的胡思乱想，一起插上
想象的翅膀

　　爱因斯坦说："想象力比知识更重要，因为知识是有限的，而想象力却推动着知识的进步，是知识进化的源泉。"

　　每个孩子都有巨大的想象力。爱胡思乱想的孩子，他们的脑袋里满是稀奇古怪的事物，眼里的世界也是五彩缤纷的。因为他们有着丰富的想象力，并且喜欢思考和探索，看到大人看不到的神奇。

　　有了这份纯真又丰富的想象力，这些孩子才有更灵活的思维、更惊人的创造力。不过，可惜的是，也有很多孩子的计算能力、记忆能力非常不错，学习成绩也很优异，但是想象力却不足。

　　所以，爸爸们应该保护孩子的胡思乱想，积极引导孩子把想法说出来，激发孩子爱幻想的心。同时，要主动加入孩子的胡思乱想，一起游戏，一起幻想，亲近孩子，走进孩子的世界。

　　方方是个6岁的小男孩，平时总喜欢胡思乱想，有时躺在床上，会说出一些离奇的想法，"我的家会飞就好了，这样我就可以躺在床上环游世界"；玩荡秋千游戏时，会幻想自己坐上宇宙飞船，"我已经坐上宇宙飞船，要摘下天上的太阳，把它挂在房间里"；下雨不能出门玩耍，便想象自己逃了出去，逃到一座冒险岛，在岛上遇到了神秘的外星人，然后遭遇了惊险、刺激的逃亡。

方方的爸爸觉得这是孩子想象力丰富的表现，而且他听说孩子小时候的想象力最丰富。所以，方方的爸爸给予孩子足够的自由，允许他天马行空，说出自己的想法。同时，爸爸也加入其中，与孩子一起幻想与描绘。孩子说想要躺在床上环游世界时，爸爸笑着说："真的吗？我也想要环游世界，你可以带上我吗？我们第一站应该到哪里呢？"孩子想了想："先到三亚吧！幼儿园小朋友说三亚非常漂亮，他和妈妈刚从那儿回来，我也想去看看！"爸爸爽快地答应："好吧！我们出发吧！"接下来，爸爸引导着让孩子说出在三亚看到的景色，如金色的海滩、蔚蓝的海水、漂亮的贝壳……

方方想象自己逃到了冒险岛，爸爸便鼓励他描绘自己如何逃出家门，如何经过惊涛骇浪才来到冒险岛；描绘冒险岛的地形、景物，有哪些奇怪的人与动物；描绘外星人长什么样子，掌握了哪些高科技的武器，以及方方是如何巧妙地逃跑的。

亲子阅读时，方方的爸爸会适当地留白，让他多问为什么，多描绘自己脑海里的情节与故事。比如，阅读《神奇校车》时，讲到一只奇怪的昆虫，爸爸会让方方猜这只昆虫的翅膀是什么样的，眼睛是什么样的。阅读故事书，快接近尾声时，问孩子："你觉得结果是怎样的？"让孩子给故事编一个"完美"的结局。

孩子没有固定的思维模式，所以才会天马行空。有了爸爸的引导和刺激，方方的想象力得到保护和充分激发，所以变得更活跃，更具有创造力。

作为爸爸，不该批评和打击孩子的胡思乱想，限制孩子的想象力。对于孩子来说，想象力是非常重要的，一旦失去了它，孩子的思想就会被禁锢，没有办法冲出狭窄的生活空间，自然没有办法创新、创造，只能呆板地、固化地生活。保护和激发孩子的想象力，才是一个好爸爸在育儿时应该去做的，并且必须做到的。

如何去做呢？其实，这并不难。

爸爸们应该和孩子一起去探索，天马行空，进入光怪陆离的世界，说出奇异的想法。有些时候，孩子的想象是短暂的，是突发奇想。这时候，就需要爸爸给孩子一些启发与诱导，与他交流和沟通，让他说出具体的情景、人物，或是引导他进一步想象，想象得更广阔一些、更丰富一些。有了大人的引导和激发，孩子原本模糊的幻想世界就会变得更具体、更有细节，拥有无限的想象空间。爸爸们应该创造并享受与孩子一起胡思乱想的时光。

陪孩子玩时，不要站在大人的立场看问题，而是站在孩子的角度看问题，不要显得"太聪明"，急于告诉孩子这是什么、那是什么，这应该是这样的、那应该是那样的，而是应该让孩子自己观察、感知、想象，按照自己的思维去看、去思考、去描绘。尽量给孩子自由，这样才能给孩子的想象留下更大的空间。

允许孩子的每一次胡思乱想，与孩子一起插上想象的翅膀，只有这样，孩子才可以天马行空，想象力和创造力才会得到激发。

第九章

不打不骂，平等对话，以友爱的姿态陪伴孩子慢慢长大

在家庭中，人与人的关系应该是平等的。孩子不是父母的奴隶，更不是父母的所有物。如果在教育孩子的时候，一味强调孩子应该无条件地服从，否则就会招致打骂，那么，孩子在还小的时候只能成为父母的提线木偶，而到了孩子成长起来开始独立的时候，就会彻底走向逆反。只有父母平等对待孩子，才能成为孩子的朋友，知道孩子内心真正的想法，听到孩子的真心话。

爸爸和妈妈对孩子来说，是不一样的大朋友

日常生活中，很多家长会在教育孩子的过程中与孩子产生各种各样的矛盾。为什么会出现这样的情况？大多是因为现在的孩子往往个性很强，父母与孩子之间又缺乏顺畅的沟通渠道，会因为彼此不了解而发生误会。没有沟通的渠道，孩子的很多想法会藏在心里不说出来，家长更加无法了解、理解孩子。如此恶性循环，很多孩子会因此在青春期变得叛逆或者沉默寡言。

凯凯今年 13 岁了。在爸爸的眼里，他的问题很多：逃课、抽烟、喝酒，把大量的时间花在玩手机游戏上……而且，因为长时间玩游戏，凯凯的视力受到影响，现在已经戴上了 600 度的近视眼镜。爸爸看在眼里，急在心里：孩子现在如果不改掉这些坏习惯，将来走上社会，如何立足呢？在这样的焦虑情绪下，爸爸把凯凯管得更严了，平日里隔三差五要检查凯凯的作业。可是爸爸渐渐发现，凯凯待在家里的时间越来越少，周末也总是早出晚归。终于在一次大吵大闹之后，凯凯冲爸爸吼道："我后悔生在这个家！"听到孩子说出这句话，凯凯的爸爸目瞪口呆，简直不敢相信自己的耳朵……

日常生活中，有一部分家长，尤其是爸爸，会把自己的权威看得很重，无论说什么都是命令的语气，从不了解孩子的想法，因此根本没法与孩子很好地沟通。他们总是忽略孩子本身的想法，单方面地向孩子提出不切实际的要求，给孩子造成很大的心理压力。

很多父母面对这样的结果，不仅没有认识到自己教子方式的失误，反而对孩子施以更严重的惩罚，最终导致孩子与父母的关系越来越僵，孩子犯的错误越来越多。这是因为父母没有做孩子的朋友，没有与孩子进行良好的沟通。道理很简单：父母不相信孩子，孩子同样就不相信父母，孩子的自尊心和自信心必然会因此受到伤害，孩子对父母的信赖同样也会受到伤害，导致逆反行为的出现。所以说，父母应该把孩子当作朋友，给孩子最起码的信任，这样接下来的沟通才能顺利进行。

小于的爸爸是一家公司的总经理，可以说小于是含着金钥匙出生的，衣、食、住、行、教育都是最好的。理所当然，他的人生，父母早就替他规划好了，爸爸就连以后送他去哪个国家留学都想好了。但是邻居发现，每个周末，他爸爸送他上特长班的时候，小于都是哭着走的，他不愿意学钢琴，甚至有一次从家里出去了却没有去学校。他的爸爸气得不得了，跟邻居说起来总是叹气，说儿子不争气、不听话。

一次，小于在邻居家玩，忍不住吐起"苦水"，说自己不是不喜欢学钢琴，只是太累了，所以他在周日想逃出去玩一下。原来，小于从4岁就开始学钢琴，现在加上作文和奥数，每个周末都被安排得满满的，没有一刻玩耍的时间。小于说："其实，我一点

儿都不喜欢钢琴，还有英语，但是爸爸说一定要学好它，不然不能留学。"

小于的现象在当今的社会中可以说相当普遍。很多家长自以为是地替孩子报特长班、兴趣班，而孩子却不喜欢，都是父母逼着去的。有的孩子根本不想学，即使去了，也没有在听、在学。面对这样一个结果，作为父母，我们不妨反思一下：父母替孩子安排人生，本来是出于关心，但最终的结果会不会像父母所盼望的那样真的有所收获呢？孩子是不是快乐呢？我们能否站在平等的位置跟孩子沟通，以朋友的身份安排孩子的学习和生活呢？

一直以来，大多数父母，都认为孩子的身体和心理不成熟，年纪小，不知道分辨好坏，不知道什么对自己好，什么对自己不好，所以父母应该为孩子安排好未来，这样孩子才不会走错路。而且，也有不少父母把自己未实现的理想寄托在孩子身上。比如有的爸爸小时候很喜欢音乐，但是由于种种原因没能实现，于是把希望寄托在孩子身上，送孩子去学钢琴，类似的例子很多。还有，现在社会竞争越来越激烈，父母都希望孩子在未来能更有竞争力，立于不败之地，从小就替孩子规划好，早做准备，让孩子多学些东西，或是上名牌学校，或是出国深造。

其实，从懂事开始，孩子便有了自己的思想，跟成人一样，渴望被理解、被尊重以及被信任。可是，很多父母忽略了这一点，结果造成孩子诸多不听话行为的产生。要想避免上面例子中小于跟爸爸那样的结果，爸爸就应该放下架子，与孩子平等沟通，了解孩子内心的想法，避免给孩子提出超出承受能力的要求，否则会造成孩子因怕被斥责而说谎，甚或更为恶劣的行为。

面对上面的种种问题，如果父母学会与孩子做朋友，很多问题其实就能迎刃而解。因此，爸爸妈妈要学会跟孩子做朋友，这样孩子有什么样的心情，对事情有什么样的看法，以及对父母有何意见等，都能与父母及时沟通，父母也能够更深入地了解和理解孩子，更清楚地知道应该从哪里入手教育孩子，运用什么样的方法更合适。对于孩子的迷惘，父母也能够给予及时的指引和疏导，让孩子少走弯路，避免或减少不良后果的产生。

其实，孩子到了初中、高中阶段，已有很强的思维能力和辨析能力，清楚自己该做什么，擅长什么。当孩子面临未来的选择时，父母应多听听孩子的想法，跟孩子多沟通，多鼓励和疏导孩子。有些时候，当孩子不能按照父母设定的目标走下去的时候，他的内心非常矛盾，这时我们要多开导，帮助他选择另一条适合自己的道路，鼓励孩子，让他明白成才的道路不止一条。

父母还要注意的一点就是：在生活中，有些孩子天生就是"偏才"，他们在某一方面有超越常人的才能。如果家长非要强迫孩子成为全才，孩子的那些特殊才能会在无声无息中被扼杀，最后沦为庸才。所以，我们应该在沟通中善于发现孩子独特的才能，帮助其扬长避短。

总而言之，父母与孩子做朋友，就能全面了解孩子，有针对性地纠正孩子的错误行为，及时改变孩子错误的思想认识。孩子因为父母像朋友那样与自己交流，也会乐意接受父母的指导与教育。这样父母就可以更好地帮助孩子，使他们更加健康、快乐地成长。

爸爸轻轻蹲下去，孩子才能迅速站起来

许多父母遇到孩子不听话时大都会摇头大吐苦水：现在的孩子，真的不知道脑子里到底在想些什么，怎么问也不说，什么都不肯对家长说！其实，想要打开孩子的心门，探究孩子的内心世界，父母必须讲究沟通技巧。尤其是脾气容易急躁的爸爸，更要放低姿态倾听孩子的心声。

斌斌很爱看动画片，平时上学基本上没有时间看电视，这个暑假终于赶上少儿频道放他爱看的动画片，每天晚上他都看得不亦乐乎。然而开学在即，有一个"严重"的问题摆在面前，就是动画片还要一个多星期才能放完，但是开学之后晚上就不能再看了。因为这个，斌斌很苦恼，向爸爸要求能让他接着看完大结局。这个要求当然不会被允许，斌斌也没有坚持，只是钻进房间关上门，再也不跟爸爸说话了。

这其实是斌斌的爸爸最近烦恼的问题，就是如何更好地跟孩子沟通。与孩子的沟通和对孩子的管教是儿童进入社会的桥梁。家长不仅是孩子的保姆，也是孩子的老师，更是孩子的朋友。学

会与孩子良好沟通，可以把父母的厚望和挚爱充分传递给孩子，并为孩子提供适宜的成长环境、适当的学习机会，以及愉快的生活空间。

然而，随着孩子的成长，很多家长发现，这不是一件容易做到的事情。因为孩子大一点儿之后，开始有了自己的想法，有些想法愿意与父母分享，有些却只愿意藏在心里，家长无从知道。这不是家长们希望看到的。

不了解孩子的想法，就很难有效地应对孩子的不听话行为。父母要想在纠正孩子的不听话行为上取得好的效果，首先得放低姿态，取得孩子的信任，才能走进孩子的内心。

有些父母特别是爸爸在和孩子沟通时过于急躁，总幻想一两次聊天就能和孩子成为知心朋友。这是不可能的，因为两代人的年龄差异很大，又成长在不同时代，理解需要一个过程。如果只有急切的心情，缺少扎实的行动，那就没有办法达成很好的沟通效果。

爸爸在跟孩子交流时，最重要的秘诀是多问、多听、少说。很多爸爸忙着工作，回到家里很晚，跟孩子说的话很少。吃饭了吗，作业写完了吗……这样的问候其实并不是很好的沟通。孩子不是机器人，除了吃饭、学习，还有自己的想法和兴趣。比如，每天回来都到孩子身边坐一会儿，摸摸脑袋、拍拍后背，问问孩子今天有没有开心的事……这时候，孩子往往会特别开心，话也显得特别多。

另外，父母还要学会观察孩子的表情，因为对于孩子来说，他们的表情其实写满了成长的密码，很多时候虽然表面上看起来高高兴兴上学去，快快乐乐放学回家，其实未必是这样的，也有可能受委屈。父母要通过沟通让孩子主动把这些事情说出来，比如说今天谁打了我，或者跟谁发生了不愉快，产生了误会，等等。只要能让孩子把受到的委屈说出来，从容地、放心地说出来，问题就解决了一半。然后，父母一定要放低姿态，帮助孩子分析原因想对策。通过一段时间的学习和沟通，孩子与父母沟通的态度和效率一定会有明显的提升。

有了这些经验和收获，再回头看事例中斌斌的爸爸面对的问题，自然就豁然开朗了。因为开学之后没有办法每天晚上看电视到那么晚，所以斌斌的爸爸跟斌斌商量，从网上把剩下的结局下载到电脑上，每天在不耽误功课和休息的情况下可以让他看一集，于是斌斌开心了，爸爸也不用担心孩子钻到房间不说话，可谓皆大欢喜。

爸爸要想和孩子有很好的沟通，就要学会放低姿态，"蹲下来"了解孩子。对于孩子身上的很多事，做家长的不要想当然，更不要带着自己的判断和成见和孩子交流。"听的什么歌呀，乱七八糟的！""那些动画片有什么意思？"……这些话都是高高在上的，容易伤害孩子，且影响沟通，家长一定要避开这样的沟通"雷区"。

日常生活中，爸爸妈妈有时间不妨坐下来、"蹲下来"，和孩子一起听听歌，看一看你认为的幼稚可笑的动画片。你还可以和孩子就动画片里的一些情节进行讨论，告诉孩子什么是真善美，这样一来，也顺便对孩子进行了教育，可谓一举两得。所以说，努力放低姿态，去了解孩子，和孩子平等沟通，孩子才能有站起来和你交流的兴趣和想法。

诱导式提问，逐步引导孩子说出疑问

　　曾经有这样一个说法：孩子的成长教育过程中，父母会不会提问，决定了孩子成长的品质。这是很有道理的，父母运用怎样的提问方式，孩子自然会受其影响，做出对应的回答。父母只有提问方式选对了，孩子才能高效地回答问题，并从中汲取到相应的知识。

　　教育学家认为，每个孩子出生之后的先天智商差距是非常小的，后天的差距主要来自孩子成长过程中接受的家庭教育、父母的管教方式，这会直接影响到孩子的心智发育。优秀的父母不会埋怨和训斥孩子，而是给予孩子正确的引导。可见，父母学会启发式提问的方法，引导孩子自己寻找解决问题的方法，激发孩子的主观能动性，这是培养孩子独立思考及自主解决问题能力最有效的方式之一。

　　正确的提问方式可以充分激发孩子的好奇心，可以说是好奇心引领着人类探寻世界上一个又一个未知的谜题。同样，好奇心对于孩子的学习来说也是一股无比巨大的推动力。如果孩

子能够善于运用好奇心去求知，那再难的课程也会变得轻而易举。

公交车上，一位妈妈和四五岁的儿子在聊天。汽车开到公交站，妈妈会问："我们乘了几站？"儿子说："我们乘了2站。""还要乘几站到家呢？"儿子回答："还要乘4站。""从幼儿园到家一共是几站呢？"儿子回答："2+4=6。"问题到这里还没有结束。妈妈又问："一共是6站路，假如我们已经乘了3站，那么离家还有几站呢？"儿子答：3站。妈妈又问："你是怎样算出来的？"儿子又答："6-3=3。"这位妈妈显然利用了儿童好奇心比较重的心理，并采用"提问题"的方法使孩子在日常生活中自发学习数学知识。生活中相信会有许多家长说："我的孩子就是某门课程不行，怎么学也学不好，是为什么呢？"这样的家长最应该向这位妈妈学习，运用诱导式提问，从孩子的好奇心切入，步步引导，然后慢慢地让孩子形成爱动脑、好观察、善思考的良好习惯。这是最轻松的学习方法。

说到好奇心，可能很多家长，尤其是爸爸，面对儿子的好奇心时有抓狂的经历，觉得他们简直有问不完的为什么，而且会因为好奇把家里弄得一团糟。但是我们必须明白，应该努力用引导性的提问挖掘和保护孩子的好奇心。

不过，并不是所有的提问方式都有好处。生活中，我们常常听到有人用限制范围提问的方式强迫孩子选择一个符合提问者心意的答案。其实，这种提问方式是不对的，容易给孩子带来一定的困惑，让孩子不敢表达自己的真实情感。而作为孩子，心智还不成熟，不可能在面对问题时像大人那般思虑周全，因而父母在提问时一定要注意提问方式，诱导式提问虽然好，但不是万能的。那么，在提问的过程中，还有哪些禁忌是需要注意的？

首先是家长提问时的身体语言，如语气、表情等。孩子很容易受到周围环境的影响，如果提问者的声音是愤怒的，孩子就会感觉到害怕；如果提问者的声音是平静的，孩子就会感觉到平静。因而提问时，提问者的语气最好是委婉、友好的，表情最好是面带微笑，态度应该和悦、轻松，尽量把自己放在和孩子一样的位置，这样才能赢得孩子的好感。如在提问孩子时，提问者可以蹲下来，这样就可以避免居高临下地给孩子带来压力，与孩子处在平等位置上，这样容易打开孩子的话匣子。

爸爸也要注意一些提问细节。孩子的心灵是脆弱的，带有偏见、指责的言语往往会让他们受到伤害。如"你怎么就不能像隔壁家的小孩那样懂事呢？"这样的话语会让孩子觉着自己不如对方，甚至会仇视隔壁家的孩子。心理学家说，对孩子提问，最好直接讲述事实比较好，如果带有主观色彩，很容易将这种思想传递给孩子。如果说的次数多了，久而久之，孩子就会接受这种观点，这对孩子的成长可能会带来阴影。

家长在提问时，也要注意提问技巧。生活中，常见有人这样问孩子："今天在学校做了什么？"孩子的回答往往是"没什么"。还有很多类似的"作业写完了没有？""预习功课了吗？""没玩游戏吧？"等等。这些问题听起来就像在质问孩子，因而提问者要注意提问技巧。

不要问"今天在学校做了什么"之类的问题，而是把问题细化，可以问："今天老师都教了些什么？"孩子这时就不能回答没什么了，而是："老师教我们用橡皮泥捏玩具，很好玩。"还

可以继续提问："你捏的是什么形象呢？"孩子回答："有奥特曼、小怪兽啊。"话题进行到这儿，如果觉着提问不下去，就可以提问他人，如"别的小朋友捏的是什么呢？"

爸爸还要注意不要总是否定孩子。如孩子说："今天这场考试我感觉糟糕透了。"这时回答孩子时不要说："考不好没关系，下一次考好就行了。"这就相当于认可了孩子的话，是对孩子成绩或者努力的一种否认，应该说："你现在很难受吧，说给我听，好吗？"这时孩子往往会把心里的感受说出来。家长一定要认真倾听，而不是说教，学会站在孩子的角度思考问题，而不是以成人的思维要求他。只有让孩子感觉到你就像他的一个朋友，这次提问就算成功了一半。

需要强调的一点是：在提问这件事情上，爸爸要学会维护孩子的自尊心，千万不要因为孩子的问题过于荒谬而嘲笑或批评他；相反，对孩子超出常理的思考方式应该予以鼓励，这种非比寻常的思维很可能是今后科学创造的开端。独立思考意味着思考问题时要有新颖性、独创性和积极主动性。独立思考是科技发明、文学艺术创作的源泉，从小培养孩子独立思考的能力，不仅是为他们往后的成功打好基础，也有利于他们目前的学习。

此外，家长一定要让孩子明白：遇到问题时，不仅要敢问，还要能解决；有些时候，并没有老师、同学或者家长可以给你答案，你应该利用现有条件去寻求问题的答案和解决方法，从而培养孩子独立解决问题的态度和思路。

保持爱心与耐心，好爸爸是孩子忠实的倾听者

在对孩子的日常教育过程中，如何始终如一地保持爱心与耐心，是爸爸最应该思考的问题。对于孩子提出的问题，爸爸一定要认真倾听，坦率回答孩子的提问，敞开心扉与孩子交流和沟通，不要让孩子因为家长的期望而背离自己的真实情感，要帮助他们自然地表达自己的想法和感情。

每一位家长都要明白：孩子在成长过程中因为环境影响存在各种差异，做事情常常会出错，这些情况都很正常。但是父母在教会孩子做事的时候，一定要有耐心，学会等待，注重做事情的完整性，绝不能因为孩子叠不整齐床铺、整理不好书桌、没有洗净袜子或动作慢就帮着孩子做。要知道，孩子的责任意识就是在不断的实践体验中获得的，如果孩子的所有事情都由父母代劳，孩子就得不到这种宝贵的心理体验。因此，孩子的责任意识也就得不到强化和提高。

如果父母缺乏耐心，过于看重结果，在孩子做得不够好、不

够快的时候，责备和埋怨孩子，或者为了节省时间而取而代之，这非但不能增强他们的责任意识，反而还会使孩子的积极性大受打击，给孩子创造了逃避责任的机会，使孩子养成做事情虎头蛇尾的坏习惯。

常言道："一分倾听胜过十分倾诉。"善于倾听是最重要、最有效的沟通方式。从沟通的角度而言，倾听是沟通的前提。学会倾听，是沟通的第一步。在教育孩子的过程中也是如此。父母只有善于倾听孩子的心里话，知道孩子想什么、关注什么和需要什么，才能有针对性地给予孩子关心和帮助，使以后的沟通变得更加容易。

子豪今年上初二了。最近，爸爸发现子豪和平时很不一样，经常一个人闷闷不乐，也不像往常一样爱说爱笑了。爸爸想，儿子有心事了，便决定找儿子谈一谈。这天，吃过晚饭，爸爸拉着子豪说："我儿子这几天好像很不高兴，走，爸爸带你去公园散步。"

子豪一路上都没有说话。一直走到一张长椅前，子豪拉着爸爸坐了下来。看着儿子欲言又止的样子，爸爸说："子豪，你长大了，人长大了都会有心事。我不是说过吗？我虽然是你的爸爸，但也是你最好的'朋友'，你有什么心事、什么困难都可以和爸爸诉说，爸爸即使帮不了你，也可以为你分担一点儿，对不对？还有人比爸爸更值得你信任吗？"

这时，子豪好像没有了顾忌，小声地说："爸爸，我总觉得这件事不太好说，怕您不理解，也怕您生气。"

子豪的爸爸笑了，说："傻孩子，爸爸也是从你这么大长过来的，有什么不理解的，说说看？"

子豪想了一会儿，说："爸爸，您知道我的后桌宁宁吧？"

"哦，那个女孩子成绩也很棒，我知道。"爸爸回答。

子豪接着说："我们平时考试不是我第一，就是她第一，关系也不错。我的数学比较好，她的数学成绩一般，所以平时放学以后我经常留在班级帮她补习数学。可上周……爸爸，她说……喜欢我，我真的不知道该怎么办？"

爸爸这时才明白儿子这些天情绪不好的原因。他想了想，拍了拍儿子的后背说："这也没什么大不了的，这说明你长大了。你能和爸爸说这件事，爸爸很高兴。再说，有人喜欢你，说明我儿子好呗。爸爸高兴！来，爸爸给你说说我小时候的事情吧。"

"爸爸那时候比你大一点儿，十四五岁的样子，我经常骑自行车去接邻居家的一个女孩子上学放学。后来有一天，我就忍不住给她写了一封信，至于写了点什么，儿子你应该能想到。"

"那后来呢？"子豪迫不及待地问道。

"后来，她给我回信了，告诉我她想要一个我这样的哥哥。再后来，我就真成了她的哥哥，我们一直是比较好的朋友，直到后来搬家才失去了联系。子豪，你现在长大了，也应该知道怎么处理这样的事情，对吧？爸爸建议你和宁宁说清楚，做朋友挺好的，可以互相帮助、互相学习，但不能有其他想法，因为你们还没有真正长大。爸爸相信宁宁能想通的。"

回家的路上，子豪笑得开心又释然，那个快乐的少年又回来了。

对于那些觉得跟孩子沟通不顺畅的爸爸，首先要学会倾听。经验表明，许多聪明的父母就是善于倾听，让孩子十分乐于与你交谈，使沟通变得容易。如果你确实在交谈时有很多事情要做，

千万不要装着在听，最好说出来，如"我希望有时间听完你说的话，但是现在不走的话，我就要失约了，等我回来，再和你长谈"。如果以这种方式表示理解孩子的感情，就会使孩子有机会倾诉自己的想法。

日常生活中，爸爸即使工作再忙，也要保证定期抽时间跟孩子沟通。有的爸爸一高兴，就整天和孩子泡在一起；工作忙了，就很长时间不理孩子。这种冷热病，最不利于和孩子建立亲密的联系。要制定一种规则，如坚持定期跟孩子做游戏。每到星期六、星期日，大家坐下来一起吃饭谈心，多和孩子做朋友，随时随地了解他的想法和思维方式。这不仅是对孩子的培养和教育，更能增进与孩子的感情。

鼓励和信任，是爸爸给孩子最好的爱

　　随着年龄的增长，孩子的想法越来越多，也越来越复杂。想法变多最明显的表现，就是孩子开始担忧许多事情，在做的时候总是会想：如果犯错误或者是没有做好怎么办。这样的想法其实是不应该有的，因为这最影响孩子的积极性和主观能动性。凡事考虑周全虽然是优点，但是想得太多也不是一件好事。家长要教育孩子：不要总是担心事情朝着不好的方向发展，很多时候只要尽力去做，结果究竟如何，不会影响你在别人眼中的印象。

　　小波今年上初一了，平时的学习习惯非常不好，经常打架，成绩很令人担忧，上课不听讲，回家不做作业。他的爸爸为此苦恼不已，不知道该怎样纠正他的行为。后来，班主任周老师发现小波的表演欲望非常强烈，感情也很丰富，个性张扬，平时很喜欢唱歌，下课时，会旁若无人地自得其乐，有时高兴了还会带动班级里的许多同学和他一起唱。周老师让他表演给大家看，他一点都不害羞，很大方，还乐此不疲。在表演中，他还多次改进表演的方法和内容。周老师觉得这个孩子非常有意思，有可爱的一

面，有他的优点。于是，在一次班会活动课时，周老师特地让小波上台表演。小波受宠若惊，表演尽心尽力。其中有个节目，他一个人表演两个角色，神态、语气都模仿得惟妙惟肖，把全班同学逗得哈哈大笑。

表演结束后，周老师在全班学生面前表扬了小波。小波很开心，那天上课也比平常认真。周老师趁热打铁，下课后马上找他谈心，没有说许多大道理，只是告诉他，他很出色，要是学习认真些，表演的机会会更多。从此，小波明显比以前认真、懂事多了，成绩明显提高，周老师的表扬也不断增多，同学们也越来越喜欢他。后来，他的爸爸专程赶到学校，对周老师说："这孩子这学期比以前进步了好多，回家能自觉做作业，还知道帮大人做家务呢！"

现实生活中，爸爸要避免戴着有色眼镜看孩子，不妨试着宽容一点儿，耐心找出孩子身上的闪光点，并给予足够的鼓励，这给孩子带来的帮助是无法估量的。那些成绩差的孩子之所以差，可能是因为我们没有发现他的优点，没有激发他的潜能。有时候，在孩子犯错的时候，如果能在孩子的错误中发现优点，用赏识的态度教育孩子纠正错误，比严肃的批评和打骂更有作用。

就像我国著名教育家陶行知一样，对于那些经常犯错误的孩子，他既没有批评，更没有打骂，而是换了一个角度，用充满赏识的心态，从错误中发现学生诚实守信、尊敬师长、为人正直、敢于承认错误的优点，并及时给予赞扬。陶行知用赏识唤醒学生的良知，让学生主动承认错误、接受教育，从而在心灵深处产生改正错误、完善自己的愿望。

所以，对于每一位爸爸来说，如果孩子犯了错，不妨试着从错误中发现孩子的优点。这样的教育方法更易于被孩子接受，并发自内心地愿意改善，能收到"润物细无声"的教育效果。曾有一位教育界的学者呼吁："哪怕天下所有的人都看不起你的孩子，做父母的都应眼含热泪地欣赏他、拥抱他、赞美他。"他希望每一个家长在教育孩子时，既要看到孩子的缺点，更要善于发现他的优点，学会肯定、赞美与赏识孩子，使孩子在赏识中变得越来越好，越来越聪明、能干。

每个孩子都是一张白纸，他们身上难免有不好的习惯和一些弱点。然而，对于孩子的种种问题，不少家长在找不到正确的处理方法时，往往会采用批评的方法，结果情况越来越糟。如果适时地采取鼓励和给予信任的方法，以平常心肯定他的每一次进步，自然而然会发现孩子的每个闪光点，欣赏他的价值，从而树立起孩子的自信心和自豪感。对于孩子的每一个微小进步都要及时给予鼓励和肯定，这样会让孩子认为他是时时刻刻都受关注的。如果孩子认识到只有当他表现得很好时，才能得到父母或老师的喜爱和赞美，他就会尽力表现得更好。

相信许多爸爸深有体会：很多大人习惯在孩子表现出色或获得成绩时及时告诫他们"谦虚使人进步，骄傲使人落后"这个古训。许多父母很少肯定和赞扬孩子的优点，总是把注意力集中到孩子的缺点和错误上。或许他们以为，通过严格要求，孩子会变得更好。然而，现实的结果恰好与主观愿望相反，孩子在整日无休止的抱怨与批评中丧失了自尊与自信，形成"我什么都不行"的自我认定。在这种自我认定心理的支配下，他们用少动手、少说话、少参与来避免暴露自己的短处，从而保护自己，日久就形成了内向、自卑、懦弱、主动性差、社会活动能力及社会适应能力差等消极的自我

表现意识，严重影响心理健康。在他们原本具有的一些优点逐渐缩小时，缺点则变得越来越多，越来越让父母不满。

其实，人天生就渴望成功，渴望被欣赏、被赞扬。只要我们用心观察，就会发现每个孩子都是好样的。我们要善于发现和表扬孩子的优点，而不是不断"发掘"他的缺点。我们要学会用放大镜看孩子的优点，用显微镜看孩子的缺点，对孩子做出客观、肯定的评价，增强孩子的自信心，从而往好的方向发展。

从心理学的角度来讲，每个人都需要赞美。善意的、及时的赞美实际上是一种投入少、收益大的感情投资，是一种驱使人奋发向上、锐意进取的动力源泉。孩子长期生活在和谐、温暖、信任、赞美的氛围中，就能养成积极向上的健康心理，以积极主动的态度学习新知识，探索新方法，研究新问题，不断地超越自己。

很多时候，对于孩子而言，一句赞美比一句训斥可能强百倍。不管起点如何，儿子的每一次进步都值得我们开口表扬，希望每一位爸爸都努力去做"育苗大师"，赞美孩子的每次进步，孩子就会越来越走向成功。

作为爸爸，不妨经常找机会鼓励孩子，比如经常对孩子说：在爸爸心里，你永远是最棒的。很多时候，态度比结果重要，只要你大胆去做，就已经走在许多人的前面。少一些顾虑，多一些勇气，大胆行动吧！